인생의 마지막 한 줄

인생의
마지막
한 줄

이하 지음

교보문고

열여섯 살 때, 맹장염에 걸린 적이 있다. 맹장이 뭔지도 몰랐던 나는 병원비가 아까워 그 고통을 마냥 참았다. 걷기도, 숨쉬기도 힘들었지만 아픈 것보다는 가족들에게 부담을 주는 것이 더 싫어 거의 기다시피 하여 학교를 통학했다. 사흘째 되던 날, 앞이 보이지 않았고 세상이 점점 희미해졌다. 결국 맹장이 터져 복막염이 되었다. 아버지의 등에 업혀 응급실에 실려간 지 하루가 지나고, 14시간에 걸친 대수술 끝에 중환자실에서 깨어난 나는 담당의사에게 혼이 나야 했다.

"할복을 해도 그만큼 아프지는 않았을 거야. 도대체 어떻게 참은 거야? 조금만 늦었어도 넌 이 세상에 없었을 거야."

나는 죽음의 냄새가 가득한 중환자실에 누워 보름 동안 수술 통증을 견뎌야 했다. 하지만 그보다 더 힘들었던 것은 열여섯 소년을 따뜻하게 맞아주었던 병동의 어르신들이 의식을 잃은 채 병상을 떠나는 모습을 지켜보는 일이었다. 한번은 정장을 말끔히 차려입은 신사 한 분이 중환자실에 제 발로 입원했는데, 자리에 누운 지 이틀 만에 머리카락이 다 빠졌고, 닷새도 지나지 않아 뼈가 앙상하게 드러나더니 어느 날 아침, 그가 누웠던 자리가 말끔히 비워져 있었다.

'아, 인간은 모두 죽는구나. 우리는 모두 시한부 인생이구나.'

막연하게만 알던 그 사실을 피부로 느끼고 나서 이후의 삶은 좀 더 애틋하고 소중해졌다. 한동안 후유증을 겪기도 했지만, 나는 더 많은 책을 탐독했고 더 많은 사람의 이야기에 귀 기울였으며, 삶과 인연이 주는 상처에 오래 집착하지 않고, 매순간 감사하며 더 사랑하고 기뻐했다.

옛 사람들에게 죽음은 일상이었다. 그 시절 죽음은 께름칙하고 두려운 무엇이기 이전에 성스럽고 의미 있는 통과 의례였다. 그들은 죽음 이후에 대해서도 관심이 많았다. 하지만 근대 이후 인간들은 죽음을 저 멀리 보이지 않는 곳으로 유폐시켰고, 고작 장례식장에서나 간접적으로 엿보는 정도로 일상과 단절시켰다. 사람들은 영원히 살 것처럼 일했고, 국가와 민족을 위해 헌신했으며, 그렇게 세상은 발전해왔다.

하지만 1960년대에 접어들면서 서구에서는 우리 주변에서 죽음을 소거시킨 것에 대해 문제의식을 가지며 죽음 각성death awareness 운동이 일기 시작했다. 여기서 태동한 것이 바로 죽음학thanatology이다. 사람들은 죽음에 대해 생각하고 공부하는 것은 삶을 더 풍요롭고 행복하게 살기 위한 최선의 방법이라는 것을 깨달았다. 죽음 앞에서 인간은 비로소 겸손해지고, 삶을 더 사랑하고 존중하게 된다. 이 사실을 간파한 미국과 독일 등의 나라에서는 교과 과정에 '죽음준비교육'을 병행하고 있다. 이는 학생들의 학습 효과를 상승시켰을 뿐 아니라, 자기 자신과 친구들을 더 아끼고 챙기는 결과로 이어졌다. 청소년의 자살률이 현저히 떨어졌음은 두말할 나위도 없다.

지난 반세기 동안 우리나라는 세계에서 가장 발전한 나라 중 한 곳으로 손꼽힌다. 하지만 아이러니하게도 세대별 자살률은 늘 1, 2위를 차지한다. 다음 세대를 위해 피땀 흘려 희생한 아버지, 어머니들에게 먼저 감사를 표한다. 하지만 이제는 속도를 줄이고, 죽음에 대해 생각해볼 때가 아닌가 싶다. 한 번쯤 지난 생을 정리하면서 스스로 '미니 장례식'을 열어보는 것은 어떨까? 어려울 것도, 불편할 것도 없다. 이 책에 적힌 선인들의 삶을 곱씹으며 그들의 묘비명이 어떻게 기록되었는지 찬찬히 살펴보자. 그리고 다음 세 가지를, 혼자서 또는 가까운 사람들과 함께 행동으로 옮겨보자.

첫 번째, 자신의 전 생애 연보를 기록한다.
두 번째, 가족들과 지인들에게 유서를 쓴다.
세 번째, 자신의 묘비명을 지어본다.

혼자가 아니라 여럿이라면 직접 임사체험을 해보는 것도 좋겠다. 마음가짐을 다잡기 위해 흰옷을 입고, 앞의 세 가지 사항을 천천히 시행한 다음, 한 사람씩 돌아가며 가운데에 눕는다. 나머지 사람들은 누운 사람이 남긴 연보와 유서, 묘비명을 차례대로 읽는다. 마지막으로 그 사람이 살아 있을 때 어땠는지 대화를 나눈다. 누운 사람은 지난 생을 떠올리며 '산 사람들'의 소리에 가만히 귀 기울인다. 다시 눈을 뜨면 그 사람은 일종의 부활을 경험하는 셈이다. 새로운 인생을 새로운 마음으로 더 성스럽게 살아가자.

죽음학의 선구자이자 정신과 의사였던 엘리자베스 퀴블러 로스는 "죽음은 마지막 성장이다"라고 말했다. 죽음은 그것을 앞둔 당사자에게도 끝이 아니며, 곁에서 지켜보는 사람들에게도 성장의 경험을 제공한다. 이것들을 가장 압축적이며 상징적으로 체험할 수 있게 하는 매개가 바로 묘비명이 아닐까?

이 책에서는 동서양의 인물들 중 서른 명을 뽑아 그들의 생애와 마지막 순간, 그리고 묘비명에 얽힌 이야기들을 소개한다. 그리고 선인들의 묘비명을 바탕으로, 오늘을 사는 우리들은 어떤 지혜를 얻을 수 있을지로 함께 살펴본다. 퀴블러 로스의 말에 주목한다면, 우리는 서른 번 성장할 것이며, 서른 개의 선물을 받게 될 것이다.

이 책이 나오기까지 함께 고생해준 사람들, 특히 교보문고 담당자와 당신들의 삶을 통해 많은 것을 깨닫게 해주신 부모님, 그리고 한 장, 한 장 글을 쓸 때마다 꼼꼼히 읽어주고 피드백을 해준 아내, 마지막으로 온몸으로 세상을 향해 약동하며 인생의 신비를 일깨워준 아들 정원이에게 고마움을 전한다.

다시 봄, 비단산 자락에서

차례

PART2 우울해할 시간이 없다

PART3 누구의 것도 아닌 나의 인생

절정은 아직 오지 않았다

Dream

현실이
장애물투성이여도,
꿈꾸는 삶은
계속된다

여기 그가 애타게 기다려온 곳에 잠들어 있다.
본국은 항해자, 바다가 고향
그리고 사냥꾼, 언덕이 고향

—로버트 루이스 스티븐슨

몇 년 전에 공무원 시험을 준비하던 동생이 로또에 당첨되었다. 길몽을 꾸고 구입한 것이었지만 아쉽게도 1등은 아니었다. 동생의 꿈에는 거대한 물고기가 등장했다. 그 물고기가 하늘로 솟구치자 커다란 물방울들이 튀었고, 신기하게도 그 안에 여러 개의 숫자가 적혀 있었다. 동생은 곧바로 나가서 로또를 구입했다.

이윽고 결전의 날, 로또 번호 추첨 방송을 보던 동생은 번호가 하나씩 들어맞자 소리를 지르기 시작했다. 처음에는 심드렁하던 가족들도 세 번째 번호까지 일치하자 TV에 집중했고, 네 번째 번호가 맞았을 때는 모두 자리에서 일어섰다. 그리고 다섯 번째 번호까지 맞았을 때는 소리를 지르며 펄쩍펄쩍 뛰었다. 이제 남은 번호는 하나.

"하나만 더 맞으면 1등이다!"

우리는 기도하는 심정으로 두 손을 모았다. 하지만 안타깝게도 마지막 번호는 맞지 않았다. 여섯 개 중 다섯 개가 맞았으니 2등인가 싶었지만, 아쉽게도 보너스 번호라는 것이 또 있었다. 그 번호도 맞지 않았다. 결과는 3등. 1, 2등의 당첨금은 억대였지만 3등 당첨금은 백만 원 정도에 불과했다. 물론 그 역시 큰돈이었지만, 1등의 문턱까지 간 우리는 한동안 멍하니 주저앉아 있었다.

"백만 원도 얼마나 고맙니."

곧 어머니가 동생을 다독이며 축하해주었고, 나도 박수를 쳐주었다. 그런데 줄곧 의미심장한 미소를 띠고 있던 아버지가 이렇게 말했다.

"백만 원이라니, 갑절이면 이백만 원이지?"

두 배라니? 우리는 의아한 표정으로 아버지를 바라보았다. 아버지는 담담하게 또 한 장의 로또 영수증을 내밀었다.

"어제 둘째 방에 갔더니, 책상에 웬 번호가 적힌 쪽지가 있지 않겠니? 혹시 몰라 적어두었다가 로또 살 때 기입했지."

아쉬움은 금세 사라졌다. 우리는 더욱더 기뻐하며 서로를 축하해주었다. 동생은 작은 행운에 안주하거나 미련을 두기는커녕 더 열심히 공부했고, 머지않아 공무원 시험에 합격해서 더 큰 행운을 쟁취했다. 그때 1등에 당첨되었다면 어땠을까? 스스로 행운을 일구어내는 법은 찾아내지 못하고, 그저 돈을 쓰는 데만 급급해 인생을 소비하지는 않았을까?

사람은 누구나 부자가 되기를 꿈꾼다. 그래서 부족한 월급을 쪼개어 로또를 사거나, 금리를 따져가며 금융상품에 투자한다. 그렇게 조금이라도 빨리 보물섬에 닿고자 한다. 하지만 그저 하루하루 살기도 팍팍한 현실 속에서 '부자'라는 섬은 너무 멀리 있는 것만 같다.

보물은 어느 날 갑자기 하늘에서 뚝 떨어지지 않는다. 그저 묵묵히, 우직하게 노력하는 수밖에 없다. 그러다 보면 언젠가 보물지도를 찾을 수 있지 않을까.

스스로 보물지도를 그려내다

바다를 꿈꾸는 모든 이의 로망, 해적이 등장하는 모험 콘텐츠의 원형이 된《보물섬》의 작가 로버트 루이스 스티븐슨은 1850년에 스코틀랜드 에든버러에서 토목기사의 외아들로 태어났다. 집안은 부유했지만, 어릴 때부터 몸이 약했던 스티븐슨은 고향을 떠나 늘 요양을 다녀야 했다. 그는 아버지의 뒤를 이으려 에든버러 대학 공과에 진학했지만 곧 법과로 전과해 변호사가 되었다. 하지만 폐병에 걸린 뒤 아무것도 하지 못하고 괴롭게 지내는 날이 많아졌다. 그는 문학을 반대한 아버지와의 갈등도 심해지고, 스코틀랜드의 청교도적 인습도 견디기 어려워지자 고향을 떠났다.

모험을 동경하던 스티븐슨은 병약했던 탓에 모험이 아닌 요양을 위해 유럽 각지를 여행하게 되었고 많은 에세이와 기행문을 썼다. 그는 프랑스 파리에서 전남편과 별거 중인 열한 살 연상의 미국인 유부녀와 사랑에 빠졌고, 1880년에 그녀와 결혼했다. 안정적인 가정을 이룬 스티븐슨은 다시 스코틀랜드로 돌아가 아버지와 화해했다. 소설을 본격적으로 쓰기 시작한 것도 이때부터였다.

스티븐슨은 같은 해 여름, 아버지 토마스와 아내 페니, 어린 의붓아들 새뮤얼과 함께 스코틀랜드 외지로 여행을 떠났다. 간간히 피를 토하긴 했지만 모처럼 온 가족이 모여 단란한 한때를 보내고 있자니 스티븐슨은 성공에 대한 열망이 더 간절해졌다. 좋은 소설을 써서 명망을 얻고 가장으로서 앞가림을 하고 싶었다. 그동안 소설 집필에 수차례 도전했지만 제대로 마무리한 적은 없었다.

스티븐슨은 의붓아들에게 자신이 좋아하는 모험 이야기를 종종 들려주었고, 그것을 더 생생하게 전달하고자 직접 보물지도를 그리기도 했다. 그러던 어느 날, 보물지도를 보고 있던 그의 머릿속에 수많은 이야기가 걷잡을 수 없이 쏟아졌다. 스티븐슨은 펜을 들어 단숨에 이야기를 써내려갔다. 또 틈틈이 가족들에게 들려주었다. 반응은 뜨거웠다. 아들은 스티븐슨의 이야기에 열광했고, 아버지도 푹 빠져서 이런저런 조언을 아끼지 않았다.

당초 '선상의 요리사'라는 제목으로 써내려갔던 이야기는 담당 편집자의 손을 거치면서 '보물섬'으로 거듭났고, 스티븐슨은 처음으로 자신의 소설에 방점을 찍을 수 있었다. 1883년에 《보물섬》이 출간되자마자 스티븐슨은 주목받는 작가로 떠올랐다. 소설이 계속 팔려나가면서 경제적으로도 안정되자, 그는 더욱더 집필 활동에 전념할 수 있었다.

하지만 그의 건강 상태는 사회적 성공과는 상관없이 점점 쇠약해졌다. 1887년, 스티븐슨은 결국 고향을 떠나 남태평양의 사모아섬에 정착했다. 따뜻한 날씨 속에서 필력을 되찾은 스티븐슨은 연이어 《검은 화살》,《발란트래 경》 등의 걸작을 발표했다. 하지만 다시 건강은 악화되었고, 마지막 작품인 《허미스턴의 둑》을 집필하던 1894년에 갑자기 뇌일혈로 숨을 거두었다. 이때 그의 나이는 마흔다섯이었다.

위대한 소설가, 우리에게 '꿈'이라는 유산을 물려주다

　사모아섬에 있는 그의 묘비에는 그가 직접 지은 〈레퀴엠〉이라는 긴 시가 새겨져 있다. 그 일부분을 소개한다.

> 여기 그가 애타게 기다려온 곳에 잠들어 있다.
> 본국은 항해자, 바다가 고향
> 그리고 사냥꾼, 언덕이 고향

　그의 비문에서 그가 어떤 삶을 살고자 했고, 또 살아왔는지를 엿볼 수 있다. 몸이 약했던 그는 직접 모험을 떠나기보다 책상이나 침대에 앉아 글 쓰는 일이 더 많았을 것이다. 그럼에도 그는 꿈을 포기하지 않고 다른 방법으로 그 꿈을 이루었다. 자신이 꿈꾸던 모험담을 생생하게 빚어내어 아들에게 들려주고, 그것을 다시 글로 쓴 것이다. 일종의 '대리 여행'을 떠났고, 또 인도했다고 할까. 지금 우리가 그의 소설을 읽으며 모험에 대한 갈망을 대리 충족하는 것처럼 말이다.

　죽음조차 그의 꿈을 방해할 수 없다는 듯, 묘비는 비바람 앞에 돛처럼 솟아 있다. 그는 죽음 뒤에서도 항해자로서, 사냥꾼으로서 여전히 저세상 어딘가를 탐험하고 있을지도 모른다.

　우리 모두는 부자가 되길 꿈꾸지만 단순히 '부자'라는 지위만을 꿈꾸지는 않는다. 누구나 팍팍한 삶의 굴레에서 벗어나 날개를 펴고 꿈

을 이루고 싶으리라. 하지만 여기저기에 장애물이 많다. 갚아야 할 빚, 매달 지불해야 하는 월세와 세금, 노후 대비를 위한 저축 등 고삐도, 멍에도 많다. 모험을 떠나기는커녕 월급이 제때 나올까, 직장에서 잘리지는 않을까 스스로를 단속하고 굴레 속으로 욱여넣기에 바쁘다.

스티븐슨은 그런 우리에게 현실의 굴레 속에서도 자신의 꿈을 포기하지 않고, 또 다른 방식으로 그 꿈에 다가서는 법을 알려준다. 그가 소설을 통해 《보물섬》의 주인공인 짐 호킨스도 되고, 때로는 해적인 존 실버가 되어 파란만장한 항해를 떠났던 것처럼 말이다.

비록 허약한 몸은 그의 발걸음을 붙들었고, 짧은 생애는 더 넓은 세상을 허락하지 않았지만, 스스로 꿈꾸기를 포기하지 않았던 스티븐슨 덕분에 어쩌면 우리는 진작 보물지도를 갖게 되었는지도 모른다.

이제는 용기를 내어 나만의 보물지도를 그려보자. 어깨 쭉 펴고 자신의 이야기를 사람들에게 들려주자. 그리고 그 보물섬을 향해 또 한 발을 내딛자. 보물지도는 이미 우리 손안에 있다.

Persist

'최상의 것'
너머의 '최상의 것'

최상의 것은 아직 오지 않았다.

—프랭크 시나트라

집 앞의 불광천을 걷다 보면 오리들이 종종 보인다. 개천을 가로질러 유유히 헤엄치는 오리들의 모습을 보면 '오리 팔자가 상팔자구나' 하는 생각도 든다. 느긋하게 움직이는 어미 오리와 달리 그 뒤를 따르는 새끼 오리들은 앞으로 나아가려 안감힘을 쓴다. 이따금씩 몸이 갸우뚱 기울면 바삐 움직이는 작은 발의 물갈퀴도 보인다.

고고하게 앞으로 나가는 것과 힘차게 발을 저어 헤엄치는 것, 이 두 가지는 같은 듯하면서도 다르고, 다른 듯하면서도 같은 행위다. 우리들의 걸음 또한 오리들과 다르지 않으리라. 수면 밖의 오리처럼 겉으로 보여주는 모습은 그럴듯하지만, 보이지 않는 물 아래에서는 한 걸음 더 나아가기 위해 온 힘을 쏟는다. 우리는 잘 알고 있다. 그렇게 열심히, 또 열심히 발을 구르다 보면 언젠가는 청둥오리처럼 날개를 쭉 펴고 하늘로 날아오를 수 있다는 것을.

삶에서 우리가 안고 있는 크고 작은 문제들도 마찬가지다. 학업도, 취업도, 생업도 당장은 힘들고 고단하지만 발 구르기를 멈추지 않고 계속 나아간다면 점차 익숙해지고, 어느 순간 재미도 붙어 다음 단계, 또 다음 단계로 날아오를 수 있다.

미국인이 애창하는 대표적인 노래 〈마이 웨이My Way〉의 가수 프랭크 시나트라의 삶 또한 마찬가지였다. 시나트라는 한평생 대중 앞에서는 고고한 모습이었지만, 수면 아래에서는 끝없이 발을 휘저었다. 발끝에 차이는 어떤 걸림돌에도 주저하지 않고, 혼신을 다해 노래하고 또 연기했다. 그 덕분에 시나트라는 '최상의 것'을 이룰 수 있었다. 하지만 시나트라는 매번 그 자리에 안주하지 않고, 다시 '최상의 것' 너머의 '최상의 것'을 꿈꾸었다.

한 남자의 길

1915년에 미국 뉴저지의 가난한 집안에서 태어난 시나트라는 일찍부터 여러 악단과 밴드, 오케스트라를 전전하며 가수의 꿈을 키웠다. 그는 장르를 가리지 않고 노래를 불렀고, 대중 앞에서 노래만 할 수 있다면 나이트클럽을 포함해 어떤 무대에도 올랐다. 그러한 시간이 지속되자 점점 많은 사람이 그를 사랑하기 시작했다. 수려한 외모와 중후한 목소리 역시 그가 미국인들의 우상이자 아티스트로 자리매김하는데 한몫했다. 그는 가수로서 큰 성공을 거두었지만, 다시 배우로 거듭나기 위해 부단히 노력했다.

1942년에 싱글 〈나이트 앤드 데이〉를 발표하며 솔로로 데뷔한 그는 1943년에 뮤지컬 영화 〈하이어 앤드 하이어〉를 통해 마침내 연기 생활을 시작했다. 1953년에는 영화 〈지상에서 영원으로〉에서 조연을 맡아 열연을 펼쳤고, 그 작품으로 아카데미 남우조연상을 수상했다.

시나트라는 최고의 스타로 급부상하면서 적지 않은 구설수에 휘말리기도 했다. 마피아와 깊이 연루되어 있다는 소문이 끊이지 않았고, 유명세 탓에 아들이 유괴당하기도 했다. 다행히 아들은 몸값을 치르고 무사히 돌아왔다.

이렇듯 말도 많고 탈도 많던 시나트라는 당대의 아이돌이었다. 우리가 흔히 인기 많은 청춘스타를 일컬을 때 쓰는 '아이돌idol'이란 말은 미국 대중들이 시나트라를 칭할 때 처음 사용했던 용어라고 한다. 그만큼 시나트라의 인기는 최고였다.

그러나 시나트라는 늘 배가 고팠다. 그는 1960년에 음반 제작 회사를 설립한 뒤 두 장의 앨범을 냈고, 1966년과 1967년에 열린 그래미 어워드에서 연이어 '올해의 앨범 상'을 받았다. 그럼에도 그는 더 좋은 곡을 부르기 위해 끊임없이 기획하고 연구했다.

그러던 어느 날, 시나트라는 프랑스의 샹송가수인 클로드 프랑수아의 노래를 듣고 무릎을 쳤다. 일상을 담담하게 풀어낸 프랑스 샹송은 매우 감미로웠다. 시나트라는 이를 영어로 개사하여 불렀다. 그것이 바로 〈마이 웨이〉다. 〈마이 웨이〉는 죽음을 앞둔 남자가 지나온 삶을 회고하는 내용이다. 한 남자가 지금껏 '나의 길'을 꿋꿋이 걸어왔고, 그러므로 결코 후회하지 않노라고 유언처럼 노래하는 이 곡은 많은 미국 아버지들의 심금을 울렸고, 더불어 가족들의 지친 마음을 어루만지고 위로해주었다. 시나트라는 자신의 삶과도 무척 닮아 있는 이 곡으로 다시 한 번 세계적인 가수로 인정받았다.

시나트라는 1970년에 아카데미로부터 '진 허숄트 박애상'을 받았고, 이듬해에 최고의 영예 속에서 은퇴를 공식 선언했다. 그러나 여전히 '최상의 것은 아직 오직 않았다'고 생각했을까. 시나트라는 1973년에 은퇴를 번복하고 다시 돌아와 1990년대까지 후배 가수들과 듀엣 앨범을 발표하는 등 변함없는 활동을 이어갔다. 그리고 1998년에 심장마비로 사망했다. 당시 그의 나이는 여든넷이었다.

유언과도 같은 곡, 마이 웨이

〈마이 웨이〉의 가사를 요약하면 이렇다.

'이제 마지막이 가까워졌군. 생의 마지막 순간이 눈앞에 있어. 친구, 꼭 말하고 싶은 게 있어. 나는 많은 것을 충만하게 느끼고 경험했지만, 더 멋졌던 것은 내가 확신하는 대로, 내 방식대로 살아왔다는 거야. 물론 후회도 있었지. 이야기할 만한 게 많지도 않았어. 곧이곧대로 길을 걷거나 한 발짝 물러서기도 했지. 지나치게 욕심을 부리기도 했고, 사랑도 하고, 울고 웃었어. 하지만 그 무엇보다 가치 있었던 것은 내 방식대로, 나만의 길을 걸어온 거야.'

말도 많고 탈도 많던 시나트라의 삶에 관해서는 평가가 엇갈린다. 하지만 그의 끊임없는 도전 정신만큼은 인정받아 마땅하다. 당대 최고의 청춘스타로 급부상한 1940년대, 연기자로 인정받은 1950년대, 2년 연속 그래미상을 수상한 1960년대, 1970년대에 선언한 은퇴를 번복하고 다시 무대에 올라 후배들과 앨범을 낸 1990년대까지…. 그는 매순간 자기 삶의 주인공으로, 모두의 아이돌로 살았다. 이는 결코 우

연이 아닌 시나트라 스스로의 선택이자 도전이었다.

대부분의 사람은 20대 또는 30대를 자기 삶의 전성기로 꼽는다. 그리고 평생 그 시절을 추억하고 아쉬워하며 살아간다. 하지만 전성기란 뒤돌아보지 않고 지금, 여기에 주목하며 '마이 웨이'를 가는 모든 순간이 아닐까? 그러므로 우리들의 전성기는 어쩌면 지금 이 순간일지도 모른다. 최상의 것은 이미 와 있고, 앞으로도 계속될 것이다.

Fight

여행하는 전사여,
의지를 계속 이어가자

지나가는 이여,
이 사람이 그러했듯
가서 지고한 자유를 위해
끝까지 싸우시오.

─조너선 스위프트

여행자는 방문지의 땅과 문화 속에서 그곳의 시간을 사는 거주자다. 이는 이전에 살던 곳에서 죽고, 그 땅에서 다시 태어나 사는 것과 같다. 여행자는 그 거듭남, 환생과도 같은 삶을 사는 것에 매혹과 동시에 슬픔을 느낀다. 한편으로는 영원히 그렇게 살고 싶지만, 그것이 불가능하기에 삶이 유한하다는 것도 다시금 깨닫는다. 오랜 시간, 여러 나라에서 다른 사람으로 살다가 돌아왔을 때, 비로소 여행자는 온전한 나를 보는 눈을 갖게 된다. 어떤 제도나 지위에 따른 허울이 아닌, 있는 그대로의 자신을 찾을 때까지 여행자는 낯선 땅에서, 그러나 곧 익숙해질 땅에서 허물을 벗고 또 벗는다. 죽고 또 죽는다.

여행자에게 반복되는 유랑은 단순히 삶과 죽음, 환생의 고리를 끊는 해탈 이상의 그 무엇이다. 여행자는 숱한 여정 속에서 다음 생을 그려보고, 전생을 가늠한다. 그러다 보면 어느 순간 삶과 사람을 긍정하게 된다.

여행의 시작은 다양한 계기에서 비롯된다. 세계에 대한 호기심 때문에 떠나는 사람도 많고, 현실에서 벗어나고 싶어서 떠나는 사람도 많다. 단순히 겨울에는 남쪽 나라로 떠나고 싶고, 바쁜 일상에 지칠 때면 느릿느릿한 지중해로 떠나고 싶어진다. 사람 때문에 힘들 때는 마음을 터놓을 수 있는 곳으로, 삶이 지루할 때는 축제가 열리는 곳으로 떠나고 싶어진다.

일상에 만족한다면 굳이 떠날 마음이 들지 않지만, 환멸이 클수록 더욱더 멀리, 영영 떠나고 싶어진다. 그러나 떠날 만한 상황이 되지 않을 때는 어떻게 할까? 어떤 이들은 여행기를 읽고, 어떤 이들은 여행 프로그램을 시청한다. 나는 종종 여행 소설에 빠져든다. 이야기 속에서는 지구상 어느 지점이 아닌, 아예 지도에도 없는 곳으로 떠날 수도 있기 때문이다.

조너선 스위프트의 《걸리버 여행기》는 독자들을 18세기의 어느 무인도로 데리고 간다. 나 역시 이 책을 펼쳤을 때, 처음에는 걸리버를 따라 소인국이나 대인국을 주유하며 환상적인 모험의 재미에 푹 빠졌다. 그러나 후반부로 갈수록 걸리버가 방문한 여행지보다 작가인 스위프트가 살았던 18세기 영국 사회가 더 궁금해졌다. 그가 바라본 영국인의 모습은 어떠했기에 주인공 걸리버가 갔던 나라와 인간상이 그토록 '웃프게' 그려진 것일까.

《걸리버 여행기》 속 여행을 마치고 다시 일상으로 돌아왔을 때 문득 세상이 달라 보였다. 그리고 인간들, 심지어 나조차도 낯설게 느껴졌다. 걸리버와 함께 18세기에서 한 생을 마치고, 21세기에 환생한 기분도 들었다. 그런 의미에서 여행과 책 읽기는 무척 닮아 있다. 여행을 떠나는 이유는 여행지에 대한 호기심 때문이기도 하지만, 그보다 더 큰 이유는 여행을 마치고 돌아왔을 때 다시 마주하는 일상이 한층 다르게 보이기 때문이 아닐까. 그러므로 어떤 여행은 일상에 대한 도전과도 같다. 《걸리버 여행기》가 여행소설보다는 풍자문학의 꽃으로 불리는 까닭도 바로 여기에 있으리라.

정치하는 성직자

스위프트는 1667년에 아일랜드 더블린에서 태어났다. 그는 트리니티 칼리지를 졸업하고, 곧 성직자의 길로 들어섰다. 하지만 정치에도 관심이 많아 당시 양당 구도를 형성했던 휘그당, 토리당과도 활발히 교류했다.

스위프트는 1713년에 세인트패트릭 성당의 사제장으로 임명되었다. 이듬해에 앤 여왕이 죽고 휘그당 세력이 커지자 유력 논객으로서 위협을 느낀 스위프트는 아일랜드로 돌아왔다. 1704년에 이미 《통 이야기》와 《책의 전쟁》으로 현실 정치와 종교계를 풍자했던 스위프트는 여러 세력과의 이해관계에서 자유로워지자 더욱 깊은 시선으로 영국 사회를 바라보았다. 오래도록 벼린 풍자의식이 집적된 《걸리버 여행기》는 1726년에 출간되자마자 폭발적인 반응을 불러일으켰다. 첫 인쇄본은 일주일 만에 동이 났고 다시 찍은 1만 권도 3주 만에 모두 나갔으며, 이후 세계 각국의 언어로 번역되어 팔려나갔다.

스위프트는 《걸리버 여행기》가 워낙 민감한 주제가 담긴 '불온한 서적'이라는 생각에 책을 출판할 때 신분을 숨기고 '걸리버'라는 가공인물을 내세웠다. 주인공은 물론 저자도 '걸리버'라고 표기하여 검열을 피하면서 독자들로 하여금 소설보다는 실제 여행기처럼 느끼게 하려고 한 것이다.

《걸리버 여행기》는 총 4부로 이루어져 있다. 1부는 영국의 의사인

걸리버가 외딴섬인 소인국 릴리퍼트에 표류하면서 시작된다. 작은 사람들에게 걸리버는 무시무시한 거인으로 보였지만, 걸리버의 눈에 그들은 개미처럼 작고 연약한 존재로밖에 보이지 않았다. 릴리퍼트인들은 고고한 지성인인 것처럼 행세하면서도, 왕에게 잘 보이려고 다투어 줄타기를 했다. 또한 달걀을 어느 쪽으로 깨야 하는지를 놓고 '큰 모서리'파와 '작은 모서리'파로 나뉘어 당파 싸움만 했다. 스위프트는 이런 소인들의 모습을 통해 권력 앞에서 아옹다옹하는 인간 본연의 모습을 보여줌과 동시에 영국 정당이었던 토리당과 휘그당, 그리고 종교계의 가톨릭과 신교가 대립하는 양상을 여실히 드러냈다.

2부에서 걸리버는 브롭딩낵이라는 거인국에 간다. 소인국에서는 자신이 거인이었지만, 거인국에서는 자신이 소인에 불과한 것을 보면서 걸리버는 살짝 주눅이 든다. 하지만 막상 거인을 가까이서 들여다보니, 아름답다는 궁정 여인들조차 땀구멍이 너무 커서 추해 보였다. 또한 거인들에게서 나는 냄새는 아주 지독했다. 그들의 옷에 기어 다니는 커다란 이는 너무 흉측했다. 바로 그곳에서 걸리버는 겉으로 볼 때는 그럴싸하지만, 가만히 들여다보면 보잘것없는 인간의 모습을 깨닫는다. 동시에 자신 또한 소인국에서는 그렇게 보였으리라는 것도. 크든 작든 인간은 퍽 한심한 존재였던 것이다.

인생의 마지막 한 줄

후이넘의 나라, 그 너머

3부에서 걸리버는 하늘을 나는 섬인 라푸타에 간다. 미야자키 하야오 감독이 만든 애니메이션 〈천공의 섬 라푸타〉에서 '라푸타'라는 지명도 바로 이 책에서 따온 것이다. 라푸타에 사는 사람들의 눈은 기이하다. 한쪽 눈은 안쪽으로 향해 있어 오로지 자신만 볼 수 있고, 또 다른 한쪽 눈은 위로 향해 있어 하늘만 볼 수 있다. 그래서 라푸타인들은 앞을 제대로 볼 수 없고, 길을 걷다가도 장애물이 나타나면 시종이 옆에서 공기주머니로 얼굴을 쳐준다. 걸리버는 이들의 모습을 통해 인류에 대한 관심은커녕 오로지 자기애로만 똘똘 뭉친 인간의 민낯을 발견하고 다시 한 번 경악한다.

걸리버는 라가도의 학술원도 방문한다. 그곳에서는 인간의 배설물을 다시 음식으로 환원시키거나, 털 없는 양을 기른다거나, 돌을 베개로 바꾸려는 등 말도 안 되는 실험이 자행되고 있었다. 걸리버는 그곳에서 과학을 맹신하며 자연 법칙을 거스르려는 인간의 오만과 마주한다.

마법사의 나라 그럽덥드립에서는 마법을 통해 역사 속 인물을 다시 불러내기도 했다. 마법사는 걸리버에게 누구를 소환하고 싶냐고 묻는다. 걸리버는 알렉산더 대왕이 정말 독살당했는지 궁금하다며 그를 꼭 만나고 싶다고 답한다. 그러자 곧 나타난 알렉산더 대왕은 자신은 그저 술을 많이 마셔 병으로 죽은 것이라고 말한다. 이후에도 그가

지나가는 이여,
이 사람이 그러했듯
가서 지고한 자유를 위해
끝까지 싸우시오.

찾은 위대한 인물들은 역사의 기록과는 전혀 다른 모습을 보여준다. 걸리버는 역사는 대개 승리자의 시점, 또는 권력자의 뜻에 따라 기술되고 왜곡된다는 점을 깨닫는다.

마지막 4부에서 걸리버는 말들이 지배하는 후이넘의 나라에 방문한다. 그곳에서 인간은 그저 '야후'라고 불리는 동물에 불과하다. 야후들은 동물처럼 발가벗은 채 아무 데나 똥을 싸대고, 금덩어리만 보면 물불을 가리지 않고 싸운다. 걸리버는 야후를 '짐승 중 가장 교육할 수 없는 동물'이라고 혹평하는 한편 이성적이면서도 공동체를 중시하는 말들을 흠모하며 추종한다. 하지만 이들이 걸리버를 추방하려들자 기절하고 만다. 걸리버 역시 야후였던 것이다.

걸리버는 차라리 무인도에서 살겠다고 결심하지만, 포르투갈 배의 선장에게 발견되어 어쩔 수 없이 영국으로 돌아온다. 그러나 걸리버는 인간, 곧 야후가 싫어 누구도 가까이 하지 않은 채 마구간에서 말들과 어울리며 살아간다. 인간중심적인 시각을 통째로 뒤집어서 보여준 4부 때문에 《걸리버 여행기》는 한때 출판 금지를 당하기도 했다.

스위프트의 조국인 아일랜드는 당시 영국의 식민 지배를 받았다. 그는 마냥 착취당하는 아일랜드인들을 외면하지 않고 영국 사회에 대한 날카로운 비판과 풍자의 글을 계속 써냈다. 그 정점에 있는 작품이 바로 《걸리버 여행기》다. 비록 조국의 독립을 보지 못하고 세상을 떠났지만, 그는 묘비에서조차 '지고한 자유를 위해 끝까지 싸울 것'을 당부했다. 또한 궁극적으로 모두가 인간중심적인 생각을 벗고, 더 자유로운 영혼으로 세계와 자연을 끌어안기를 바랐다.

　인간은 팍팍한 현실이라는 굴레에서 벗어나고자 여행을 떠난다. 여행을 통해 재충전을 하고 새로운 기분으로 일상에 복귀하는 사람이 있는가 하면, 걸리버처럼 여행지를 잊지 못해 다시 마주한 현실 앞에 더욱 절망하는 사람도 있다. 스위프트는 현실에 절망했지만, 그렇다고 현실을 등지고 살아가지는 않았다.

　우리는 어느 쪽일까. 현실에 환멸을 느낀다면 차라리 잘된 일이다. '환幻'이 '멸滅'했으니, 이제는 있는 그대로 일상을 여행하듯 살아가자.

Ordeal

고난과 역경 속에서
반짝이는 보석이
탄생한다

내면을 사랑한 이 사람에게
고뇌는 일상이었고
글쓰기는 구원을 향한 간절한 기도였다.

―프란츠 카프카

아무 이유 없이 불안할 때가 있다. 특별한 일이 없어도 현실이 답답하거나 앞일이 막막할 때, 이렇다 할 빛도, 돌파구도 보이지 않을 때 우리는 서서히 어둠 속으로 침잠한다. 그럴 때면 아무 일도, 아무 생각도 하지 않고 깊은 잠에 빠져든다. 깨어 있을 때도 반수면 상태로 멍하니 꿈틀댈 뿐이다. 그런 시간이 지속되면 점점 일상을 지내기도, 주변 사람들을 대하기도 어려워진다. 부모님은 왜 취직을 하지 않느냐고 다그치고, 친구들은 글만 써서 먹고살 수 있겠느냐고 걱정한다.

때때로 취업 사이트를 들락거려보지만, 마흔이 가까워지면서 재취업을 하는 것이 더 어려워졌다. 서른이 가까워지거나, 조금 멀어지는 청년들도 마찬가지일 것이다. 기업들은 경제가 이렇다, 저렇다 하면서 채용 규모를 줄이고, 애써 취업해도 자신이 꿈꾸던 회사 생활과 현실의 간극 앞에 절망하며 1년 안에 퇴사하는 신입사원들이 늘고 있다. 하지만 그렇게 회사 밖으로 나온다면, 그게 아니더라도 회사에 적응하지 못한다면 가족들조차 나를 몰아세울 것이다. 이러려고 대학교를 졸업할 때까지 16년을, 일생의 절반을 책상 앞에서 살아왔던가?

가장 가까운 사람들조차 내 존재를 있는 그대로 인정해주지 않을 때, 가족들마저 나를 이물 보듯 쳐다볼 때, 겨울잠은 점점 더 길어지고 문밖으로 나가는 것이 더더욱 두려워질 때, 나는 문득 내가 흉측한 벌레가 아닌지 의심해본다. 이불에 싸여 뒹굴면서, 베개에 떨어진 비듬을 쓸면서 비로소 나는 깨닫는다. 내가 변신을 하고 있음을.

어느 날 아침 그레고리 잠자가 꿈에서 깨어났을 때, 그는 이부자리 속에서 흉측한 벌레로 변한 자신을 발견했다.

— 《변신》 프란츠 카프카 지음

프란츠 카프카의 소설 《변신》을 보면 세일즈맨 그레고리 잠자 또한 이 갑작스러운 변신 앞에서 자신의 몸을 더듬으며 경악한다. 그가 출근하지 않자, 궁금해서 집까지 찾아온 지배인은 그레고리 잠자를 보고 도망간다. 어머니는 쓰러지고 아버지는 그를 감금한다. 가족들마저 그의 존재를 버거워하며 아들이 빨리 죽기만을 바란다. 결국 그레고리 잠자는 아버지가 던진 사과에 맞아 서서히 죽어간다.

《변신》을 단순히 괴기 소설 정도로 치부할 수 있을까? 만약 당신이 내일 아침부터 출근하지 않겠다거나, 취업하지 않겠다고 선언한다면, 당신이라고 '흉측한 벌레'로 변신하지 않을 자신이 있는가? 카프카의 글을 읽다 보면 어느 순간 깨닫게 된다. 내가 지금 악몽을 꾸고 있음을. 악몽 같은 현실 속에서 정작 '뭣이 중헌지'도 모르고 살고 있음을.

철옹성에 갇힌 남자

카프카는 1883년에 체코 프라하의 유대인 가정에서 태어났다. 매사에 의욕적이던 부모는 온종일 의류 상점에서 일했기 때문에 카프카는

늘 외톨이였다. 맏이임에도 몽상하는 것을 좋아하는 카프카를 장남으로 인정하지 않은 아버지 때문에 그는 늘 세 여동생에게 밀려 막내 취급을 받았다. 아버지는 카프카가 상인이나 법률가가 되어 출세하기를 바랐다. 그리고 기업가의 딸과 결혼해 자신의 집안이 더욱더 부유해지기를 원했다. 하지만 감수성이 풍부하고 문학을 사랑했던 카프카는 강압적인 아버지에게 반감을 가졌다. 카프카는 잠시 독문학을 공부하기도 했지만 끝내 아버지의 뜻에 따라 법학을 선택했고, 졸업한 뒤에는 보험회사에서 법률 담당 사무원으로 일하며 틈틈이 글을 썼다.

그는 평생 소설만 쓰는 삶을 꿈꾸었다. 적성에 맞지 않는 회사 생활은 그의 영혼을 점차 잠식해갔고, 쉬는 날에는 상점 일을 돕길 바랐던 아버지의 간섭은 그를 더욱 지치게 했다. 카프카는 각박한 관료사회의 일원으로서도, 아버지의 통제를 받는 가족 구성원으로서도 살아내야 했다. 온전히 자기 자신으로 살고자 안간힘을 쓸수록 불면증은 더 심해졌다.

그럼에도 카프카는 글을 썼다. 오직 글을 통해서만 살아있음을 확인할 수 있었다. 그는 자신에게 부과된 출세와 결혼의 중압감에 시달리면서도 밤을 새워 소설을 완성해 나갔다. 그러다 급기야 1917년에 각혈을 했고, 1922년에는 다니던 회사마저 그만두었다. 하지만 그는 멈추지 않았다. 요양소를 전전하면서도 다음 문장, 또 다음 문장을 써 내려갔다. 결국 1924년에 후두 결핵이라는 진단을 받았는데, 고통 때문에 음식물을 삼키기조차 어려워지자 간병인에게 매번 모르핀을 달라고 애원해야 했다. 카프카는 1924년 6월 3일 정오, 마흔두 살의 나이에 조용히 세상을 떠났다.

　카프카는 죽는 순간까지 자신이 쓴 글들의 작품성을 의심한 나머지, 친구인 막스 브로트에게 유작들을 모두 태워달라고 부탁했다. 하지만 막스 브로트는 카프카의 작품들을 모아 출판했고, 덕분에 오늘날 카프카는 체코뿐 아니라 세계인들에게 사랑받는 작가로 남게 되었다.

우리의 인생은 깎아내는 과정이다

　카프카에게 아버지란 혈육을 넘어 거대한 관료사회를 연상케 하는 상징적인 존재였다. 결핵 진단을 받고 건강이 크게 상한 뒤, 1919년에 쓴 〈아버지에게 보내는 편지〉에는 '아버지'에 대한 증오와 아쉬움, 안타까움이 고스란히 드러나 있다.

　그의 소설 《시골 의사》에는 한 의사가 등장한다. 그는 어느 날 응급환자가 생겼다는 소식을 듣고 급하게 현장으로 달려간다. 하지만 도중에 사고를 당해 자신이 환자가 되고 만다. 겨우 응급환자를 찾았지만, 그는 오히려 멀쩡한 상태였다. 병을 고치는 의사와 병이 든 환자의 자리가 뒤바뀌는 모순을 통해 카프카는 이렇게 되묻고 싶었는지도 모른다.

　"누가 정상이고, 누가 비정상입니까? 무엇이 현실이고, 무엇이 꿈이

지요? 당신들은 제가 '정상적인' 사회인, 또는 엘리트로 살아가길 바랍니까? 그렇게 벌레 보듯 저를 바라보지 마십시오. 아니, 그러든 말든 저는 더 이상 상관하지 않겠습니다. 저는 계속 소설을 쓸 것이며, 고로 실존할 것입니다."

세상이 바라는 내 모습과 내 본연의 모습 간에 괴리가 너무 클 때 사람은 깊은 고독에 빠져든다. 그럴 때 자신에 대한 확고한 신념이 있다면 주변을 무시하고 살 수 있지만, 대부분의 사람은 카프카처럼 끙끙 앓으며 괴로워한다.

카프카는 현실과 타협하는 지점에서 치열하게 고뇌했다. 그러면서도 그 고통을 글로 빚어내기 위해 숱한 밤을 새웠다. 만약 카프카의 인생이 자신이 생각한대로 순탄하게 흘러갔고, 아버지가 글 쓰는 것을 지지했다면 우리는 《변신》을 비롯한 위대한 작품들을 볼 수 있었을까?

다이아몬드 원석이 아름다운 보석으로 가공되기 위해서는 단순히 일정한 커팅과 연마만으로는 불가능하다. 연마하는 과정 또한 지난하고 고되지만, 그 이전에 먼저 일부는 완전히 깨져서 가루가 되어야 하고, 다시 그 가루로 또 다른 면을 깎고 또 잘라내야 한다. 원석 자체는 흐릿한 유리 파편에 불과하지만, 그렇게 끊어내고 수없이 갈고 또 갈아야 조금씩 투명한 면면이 드러난다.

자신의 삶에서 부조리를 발견하고, 이상과 현실 사이에서 큰 갈등을 겪고 있다면 이는 우리가 여러 시험 속에서 연마되고 있다는 증거

일지도 모른다. 조금만, 조금만 더 힘내자. 지금은 그저 깎아내는 과정일 뿐이니 아픈 게 당연하다. 다이아몬드는 이미 우리 안에 있다.

Soar

날자,
다시 또 날자,
또 한 번 날아오르자

내가 새벽 날개를 치며
바다 끝에 가서 거할지라도

―찰스 린드버그

어릴 때는 누구나 하늘을 나는 꿈을 꾸며 곧잘 흉내를 낸다. 무릎담요를 어깨에 두르고 슈퍼맨처럼 높은 계단에서 뛰어내리는가 하면, 누가 스파이더맨처럼 더 높이 나무를 타고 오르나 또래들과 시합을 하기도 한다. 나는 그중에서도 마지막까지 버티는 아이였다. 그만큼 굴러떨어진 적도 많아서 머리에는 땜빵이 수두룩했다.

한 번은 친구들과 누가 더 높은 계단에서 뛰어내리나 내기를 했다. 계단 하나를 오르고, 옆으로 뛰어내렸다. 다시 계단을 두 개 올라가서 옆으로 뛰어내렸다. 그렇게 열 개째 계단까지 올랐을까, 친구들은 포기하거나 다친 다리를 쥐고 울면서 집에 가버렸다. 나는 혼자 으쓱해하며 열 번째 계단에서 두 팔을 쭉 펴고 뛰어내릴 준비를 했다.

그런데 순간 다리가 후들거렸다. 아홉 개와 열 개의 차이는 너무 컸다. 아찔한 높이가 실감이 되니 눈앞이 어질어질했다. 슬그머니 주위를 돌아보니, 남은 친구들이 나를 주시하고 있었다. 갑자기 너무 무섭고 외로웠다. 하지만 계단을 걸어서 내려갈 수는 없었다. 내가 하늘을 날 수 없다는 것을 인정하고 싶지 않았다. 결국 친구들이 보는 앞에서 두 팔, 아니 두 날개를 쭉 펴고 뛰어내렸다. 다행히 발목을 다치지는 않았지만, 이후로 다시는 그 계단을 오르지 않았다.

하늘을 나는 꿈은 거기까지였다. 대신 나는 책을 읽고 글을 끼적였다. 현실에서 이룰 수 없는 꿈을 상상 속에서나마 이루고 싶었을까. 나는 루이스 스티븐슨의 《보물섬》을 읽으며 망망대해를 헤집었고, 쥘

베른의 《80일간의 세계 일주》를 읽으며 기구를 타고 세계를 가로질렀다. 대학교 때는 안창남, 권기옥 등 한국 초기의 비행사들에 매료되어 관련 서적들을 빼놓지 않고 탐독했다.

그러다가 만난 사람이 대서양을 한 번도 쉬지 않고 혼자 비행한 미국의 찰스 린드버그였다. 안창남이 일제강점기 때 우리 민족에게 희망이 되어주었다면, 린드버그는 대공황 이후 비탄에 빠진 미국 사람들에게 새로운 꿈을 심어주었다. 사람들은 그들을 통해 어릴 적에 한 번쯤 가졌을 '하늘을 나는 꿈'을 실현한 셈이다. 그러나 그들이 정작 우리에게 보여준 것은 하늘을 나는 법이 아닌, 꿈을 꾸는 법이었다.

꿈을 꾸는 법

1902년에 미국 디트로이트에서 태어난 린드버그는 어릴 때부터 기계를 좋아했고, 자동차에도 관심이 많았다. 1922년에 위스콘신 대학교 기계공학과에 입학한 그는 자동차보다 더 빠르고 멋진 비행기에 매료되었다. 린드버그는 곧 대학을 중퇴하고 링컨 비행학교에 들어갔다. 생애 첫 비행을 하면서 하늘에 푹 빠진 그는 점점 더 멀리, 더 오래 나는 꿈을 꾸었다.

이후 세인트루이스에서 비행기를 조종하여 우편배달을 하던 그는 어느 날 뉴욕에서 한 사업가가 내건 공고를 보고 정신이 번쩍 들었다.

미국 뉴욕에서 프랑스 파리까지 착륙하지 않고 비행하는 사람에게 무려 2만 5천 달러를 주겠다고 쓰여 있던 것이다. 당시 대서양을 건넌 비행사는 많았지만 한 번도 쉬지 않고 가로지른 사람은 없었다. 그것은 자살 행위나 마찬가지였다. 결국 이 공고는 하나의 해프닝으로 사람들의 뇌리에서 잊혀졌다.

린드버그는 우편 비행사로 일하면서 대서양 횡단 비행에 대한 생각을 한 번도 내려놓지 않았다. 수년 간 많은 사람이 대서양 횡단 비행에 실패했지만 린드버그는 지레 겁을 먹기보다는 실패의 원인을 분석했다. 머릿속에 수없이 비행 상황을 그리며 문제점들을 짚어보았다. 우선 미국에서 프랑스까지 대서양을 무착륙으로 도달하려면 충분한 연료가 있어야 했다. 하지만 기존의 비행기에는 연료를 넣는 공간이 제한적이었다. 게다가 5,000킬로미터가 넘는 거리를 단독으로 날아야 했기에 도중에 생기는 변수를 전적으로 홀로 감당해야 했다. 시시각각 변하는 날씨와 끝없이 쏟아지는 졸음, 그리고 무엇보다 처절한 고독과 싸워야 했다.

린드버그는 아예 비행기를 개조했다. 5인용 비행기의 조종석을 뺀 나머지 공간에 연료 탱크를 채웠다. 비상사태를 위해 필요한 낙하산과 조명탄까지 뺐다. 심지어 혼자 비행할 때 외로움을 달래줄 라디오도 달지 않았다. 오직 대서양을 단번에 횡단하기 위한 환경을 만드는 데 집중했다. 그리고 자신의 비행기에 '세인트루이스의 정신'이라는 이름을 붙이고 의지를 다졌다.

1927년 5월 20일 아침, '세인트루이스의 정신'은 마침내 뉴욕 하늘을 날아올랐다. 하지만 곧 비행기 날개에 얼음이 덮였다. 린드버그는 날개를 주시하며 비행을 이어갔다. 계속해서 졸음이 쏟아졌고, 하늘과 바다는 온통 칠흑 같아서 수평선을 분간하기가 쉽지 않았다.

'이 어두운 세상에, 검디검은 망망대해에 오로지 나 하나뿐이라니.'

그대로 바다에 고꾸라져도 아무도 모를 것 같았다. 그럴 때마다 린드버그는 불굴의 의지로 조종간을 고쳐 잡았다. 결국 그는 33시간 30분 만에 프랑스의 리부르제 공항에 착륙했다. 경제공황으로 실의에 빠진 사람들도 린드버그의 비행에 기뻐하며 열광했다. 그때부터 비행기는 단순히 우편물을 실어 나르는 기계가 아닌, 항공운송을 담당하는 여객기가 되었다.

새벽 날개를 치며 바다 끝에 가서 거할지라도

미국의 영웅이 된 린드버그는 소설가 앤 모로와 결혼한 뒤 함께 세계 일주를 하는 등 행복한 생활을 이어갔다. 하지만 생후 20개월이 된 아들이 유괴되고, 교섭 끝에 주검으로 발견되면서 아예 미국을 등지고 영국으로 떠났다.

린드버그는 슬픈 상황 속에서도 기계에 대한 관심을 거두지 않았다. 그는 프랑스의 생리학자이자 흉부술의 권위자인 알렉시스 카렐과 함께 인간의 장기를 몸 밖에서 보존하고 심장박동을 돕는 '카렐-린드버그 펌프'를 만들기도 했다. 제2차 세계대전이 일어났을 때는 미국의 참전을 반대하다가 군에서 해임된 반전주의자였지만, 독일 공군의 월등한 기술력에 탄복해 나치 숭배자가 되기도 했다. 린드버그는 일본의 진주만 습격 당시 공군에 복귀하고자 했지만 루스벨트 대통령은 그의 요구를 거절했다. 하지만 1954년, 아이젠하워 대통령은 그의 업적을 높이 사 공군 준장으로 복권시켰다.

인생의 마지막을 환경운동을 하며 보낸 린드버그는 1974년 8월, 하와이에서 조용히 숨을 거두었다. 마침내 하늘 끝, 저 우주의 한복판에서 비행을 할 수 있게 된 것이다.

그의 묘비명 '내가 새벽 날개를 치며 바다 끝에 가서 거할지라도'는 성경의 시편 139편 9절을 그대로 따온 것이다. 린드버그의 삶을 상징적으로, 또한 문자 그대로 표현한 이 구절은 그를 기억하는 사람들의 가슴속에 여전히 큰 울림을 주고 있다. 이 문구 다음의 시편 139편 10절에는 이렇게 쓰여 있다.

거기서도 주의 손이 나를 인도하시며 주의 오른손이 나를 붙드시리이다.

어쩌면 린드버그를 하늘과 바다의 끝에서 끝까지 이끌어준 분은 신이 아닐까. 하늘은 스스로 돕는 자를 돕는다고 하지 않았던가. 스스로 돕는 자, 곧 꿈을 포기하지 않고 간절히 원하는 자를 말이다. 전 세계에서 '하늘의 왕'이라는 찬사를 받았던 린드버그는 하늘 앞에 겸손했다. 그는 이렇게 말했다.

"정말 간절히 원하는 일을 하면 아드레날린이 솟는다. 비행기가 없어도 날 수 있을 것처럼."

린드버그는 비행을 위한 비행이 아닌, 그저 간절히 원하는 일을 했다. 린드버그는 하늘을 사랑했고, 겸허하게 갈망하는 일을 했을 뿐이다. 그리고 그것이 세계의 비행사를 바꾸어놓았다.

만약 지금 내가 하는 일을 더 잘하고 싶다면, 그래서 하늘을 나는 것만큼이나 큰 기쁨을 누리고 싶다면 먼저 자신에게 질문해보라.

"이 일은 정말 내가 간절히 원하는 일일까?"

Illuminate

길이 없다면,
길을 만들고
가로등을 세우자

루쉰선생지묘

―루쉰

때로는 고향을 떠나 먼 곳으로 가고 싶을 때가 있다. 내가 살아온 터전을 벗어나 내가 모르는 거리에서, 나를 모르는 사람들 사이를 거닐며 아예 다른 사람이 되고 싶을 때가 있다. 일상에 대한 환멸이 커지거나 사람에게 실망할 때는 더더욱 짐을 싸고 싶어진다.

대학교를 졸업하고 내가 중국으로 넘어간 것도 그 때문이었다. 스물여덟, 나는 사회로 나갈 준비가 되어 있지 않았다. 취업은 엄두도 내지 못했다. 4학년 2학기를 마치고도 졸업을 하기 위해 계절 학기를 들어야 했다. 영어 점수는 아예 없었다. 눈치도 보이고, 회의도 들었다. 고작 이러려고 평생 책상 앞에만 앉아 있었을까. 마치 '쇠로 된 방'에서 사는 기분이 들었다. 그렇게 나는 중국행을 택했고, 이후 3년 동안 중국 전역을 떠돌았다. 고수머리는 자르지 않아 사자의 갈기처럼 뻗쳤고, 황사를 머금은 눈빛은 점점 붉어져갔다. 그때 책 속에서 만난 사람이 바로 《광인일기》의 작가 루쉰이었다.

> 희망이란 본래 있다고도, 또 없다고도 할 수 없다. 그것은 땅 위에 난 길과 같다. 땅에는 원래 길이 없었다. 걸어가는 사람이 많아지면서 길이 된 것이다.
>
> — 《납함》 루쉰 지음

나는 그의 문장에서 희망을 보았고, 그의 발자취를 쫓았다. 상하이에서 그가 살던 옛집을 직접 찾기도 했다. 그의 옛집은 1932년 4월 29일에 윤봉길 의사가 일본군에게 폭탄을 던졌던 홍구虹口공원에서 그리 멀지 않은 곳에 있었다. 홍구공원은 현재 루쉰공원으로 이름이 바뀌었다. 얕은 담 너머로 그의 집을 들여다보았다. 그가 걸었던 길, 발자국, 숨결이 고스란히 살아 전해지는 듯했다. 그를 불러내고 싶었다. '죽은 어미를 먹어치우면서 힘을 키우는 사자 새끼'처럼 청년들이 자신을 밟고 일어서기를 고대했던 그의 목소리가 들려오는 듯했다.

길을 만들다

루쉰은 1881년 9월에 중국 저장성에서 태어났다. 그는 어릴 때부터 전통식 교육을 받았고, 직접 과거에도 응시했다. 그리고 의학에 뜻을 두고 1904년에 일본 센다이 의학전문학교에 입학했다. 하지만 수업 중에 환등기를 통해 본 장면 때문에 크게 놀랐다. 그 필름 속에서는 한 중국인이 일본군에게 군사재판을 받고 있었고, 주위의 다른 중국인들은 그 모습을 멀뚱멀뚱 구경하고 있었다. 그 중국인은 러시아를 위해 군사상 기밀을 정탐했다는 이유로 죽을 위기에 처해 있었다. 그런데도 같은 중국인들은 방관만 하고 있었다.

루쉰은 문득 부끄러워졌다. 진정으로 치료해야 할 것은 중국인들의 몸이 아닌, 정신임을 절실하게 깨달았다. 루쉰은 곧 학교를 자퇴했다.

그리고 1909년에 중국으로 돌아와 교직의 길을 걸었고, 1912년 1월 1일에 중화민국이 수립되면서 교육부에서 일했다. 그러나 일본의 위협 앞에 나라가 크게 흔들려도 4천 년 전통에 길들어져 꿈쩍도 않는 중국인들의 생각을 바꾸기란 쉬운 일이 아니었다. 루쉰은 현실의 거대한 벽 앞에 좌절하며 한 친구에게 이렇게 말했다.

> "가령 창문도 아예 없고 깨뜨리기 어려운 쇠로 된 방이 있다고 하세. 그 방에서 많은 사람들이 깊이 잠들어 있다면, 얼마 안 가서 질식해 죽을 것이 아닌가. 그렇게 혼수상태에서 죽는다면 죽음의 두려움을 느끼지는 않을 걸세. 그런데 자네가 소리를 질러서 몇몇 사람을 깨워 그 불행한 이들에게 임종의 고통을 겪게 한다면 외려 더 미안하지 않겠는가?"
>
> ― 《납함》 루쉰 지음

루쉰은 중국의 실상을 '무쇠로 지은 방'으로 인식했다. 그리고 중국인들이 그 방에서 깊은 잠에 빠져 있다고 생각했다. 이대로 내버려두어야 할지, 깨워서 쇠로된 방을 같이 부수자고 할지 갈등했다. 내버려두면 적어도 '죽음의 슬픔'을 맛보진 않을 테니까. 하지만 친구는 이렇게 반박했다.

> "그러나 몇몇 사람이 일어난 지금, 이 쇠로 된 방을 무너뜨릴 희망이

전혀 없다고는 말할 수 없지 않은가."

— 《납함》 루쉰 지음

루쉰은 그 말을 듣고 고개를 끄덕였다. 비로소 희망을 되찾은 셈이
다. 루쉰은 1918년 5월, 《신청년》에 첫 번째 단편소설 《광인일기》를
발표했다. 소설 속 광인은 집안 사람들에게 미친놈 취급을 받았는데,
광인 또한 사람들이 자신을 잡아먹으려 한다는 강박관념을 가지고 있
다. 루쉰은 이 광인을 통해 오랜 전통의 낡은 관습으로 심장을 옥죄는
중국 사회를 겨냥했다. 어지러운 시기, 이는 곧 '식인'과 다를 바 없다
는 것이다. 광인은 이렇게 말했다.

> "너희는 고칠 수 있어! 진심으로 마음을 고쳐먹으라고! 이제 머지않아
> 사람을 잡아먹는 놈들은 이 세상에서 살아갈 수 없게 될 거라는 사실
> 을 깨달아야 해! 너희가 마음을 바꾸지 않으면 자기 자신도 결국 먹혀
> 버리고 말거야."

— 《납함》 루쉰 지음

중국과 연인

루쉰은 베이징의 여러 대학에서 강의를 하다가 이후 현실의 투쟁에

도 깊이 관여했다. 그는 항상 학생들의 편에 서서 시위를 지원하고 지지했다. 그 때문에 13년간 몸담았던 교육부에서 파면되었고, 반정부 지식인으로 낙인 찍혀 도피 생활을 하기도 했다. 또한 집안의 강권으로 결혼한 아내 주안을 거부하고, 여제자인 쉬광핑과 사랑에 빠졌다. 이는 중국의 관습을 통째로 부정하는 행위였다.

1927년, 쉬광핑과 상하이로 내려온 루쉰은 더욱 활발하게 강연 활동을 하면서 중국인들의 잠을 깨웠다. 루쉰은 이미 신문학 운동의 대표자로 자리매김했기에 지지세만큼 반발도 컸다. 하지만 그는 누구보다 젊은이들의 비판을 반겼고, 논쟁하기를 좋아했다.

루쉰은 1930년에 중국좌익작가연맹에 가담했고, 1932년에는 차이위안페이 등과 '중국민권보장동맹'의 발기인이 되었다. 하지만 1936년에 건강이 급속도로 악화되어 같은 해 10월 19일에 상하이 자택에서 숨을 거두었다. 그의 나이 쉰다섯이었다.

루쉰의 유언은 독특했다. 요식 행위를 철저히 거부했고, 자신을 추억하기보다는 "당신들이나 열심히 살아가라"며 일침을 가했다. 죽음을 앞두고 서로 용서하는 서양의 관습조차 거부하며 자신은 결코 용서받지도, 용서하지도 않겠다고 단언했다. 루쉰은 마지막까지도 중국의 전통에, 관습에, 인류에 맞서며 국민들 또한 강해지기를, '쇠로 된 방'을 깨고 나아가기를 바랐다.

루쉰의 묘지는 상하이 루쉰공원에 있다. 내가 찾았을 때 그의 묘지 위에는 마른 나뭇가지 하나만 놓여 있었다. 오래전에 누군가 놓고 간

꽃다발인 듯했다. 술 한 병 준비하지 못한 게 송구스러웠다. 나는 묵념을 한 뒤 묘지 앞 난간에 걸터앉았다. 그리고 오랫동안 묻고 싶었던 것들과 속에 묻어 두었던 것들을 털어놓았다.

어둠 속에서도 묘지 앞에 늘어선 풀밭의 초록빛이 선명했다. 들풀의 좌우로 방석솔 군락이 투창처럼 늘어섰다. 그 짙푸름이 루쉰의 목소리를 대변하는 듯했다.

"너희는 고칠 수 있어. 진심으로 마음을 고쳐먹으라고!"

쇠로 된 방을 깨는 일은 혼자서는 불가능하다. 그렇다고 다시 드러누워 잠을 잔다면 아무것도 할 수 없으리라. 나뿐만 아니라 쇠로 된 방에 있는 다른 사람들도 모두 죽게 될지도 모른다. 루쉰은 고독하고 쓸쓸해도 먼저 외치라고 말했다. 그 작은 울림이 길이 되고, 첫 발자국은 작은 들불이 된다. 그 들불이 촛불이 되고, 횃불이 되어 거리를 환하게 비출 때, 쇠로된 방은 비로소 깨질 수 있지 않을까?

"짓밟으면 밟을수록 더 짙어지는 들풀의 푸른 피처럼 청년들이여, 떨치고 일어서라!"

차마 그 외침을 내 엷은 고막으로 담아낼 수 없어 두 무릎에 얼굴을 파묻었다. 그 어떤 수식도, 문장도 필요하지 않았다. 그의 묘비명은 '루쉰 선생의 묘'로 충분했다.

일단 시작하자,
그리고 반복하자

무라카미 하루키,
작가(그리고 러너),
적어도 끝까지 걷지는 않았다.

—무라카미 하루키

미국과 캐나다 사이에는 거대한 나이아가라 폭포가 있다. 어마어마한 규모 때문에 폭포 주변에는 사람이 얼씬도 하지 않았다. 하지만 1847년, 현수교 시공 전문가인 찰스 엘렛 주니어는 이곳에 다리를 놓는 시도를 했다. 기술이 발달한 지금이야 그렇게 어려운 일이 아니라고 생각할 수도 있지만, 2세기 전에는 쉽게 엄두를 내지 못했을 것이다. 한 걸음만 잘못 디뎌도 흔적도 없이 폭포수에 휩싸일 텐데, 그는 어떻게 244미터나 되는 협곡에 다리를 놓은 것일까?

폭포 가운데에 하얗게 피어오른 물안개는 햇볕을 머금고 무지개를 빚어냈다. 이 무지개처럼 나이아가라를 잇게 하고자 다리의 이름도 '레인보 브리지'로 지었다. 하지만 찰스가 다리를 놓는다고 했을 때 많은 사람이 고개를 저으며 말렸다. 한술 더 떠 찰스가 폭포 위에서 연을 띄우는 것을 보고 몇몇 사람은 드디어 그가 미쳤다고 생각했다.

찰스는 연이 폭포의 건너편으로 날아가자 연줄에 코일을 연결해 잡아당겼다. 그러자 지켜보던 이들에게도 실낱같은 희망이 생겼다. 찰스는 가느다란 코일에 철사를 감아 당긴 뒤 밧줄에 쇠로 만든 케이블을 매달아 당겼다. 이렇게 만들어진 쇠줄묶음은 구름다리가 놓일 수 있는 밑바탕이 되었다.

이제는 북아메리카 여행객들에게 필수 코스가 된 레인보 브리지. 이 아름다운 다리를 만드는 데도 그 첫발은 작디작았다. 연줄은 가늘고 연약해서 금세 끊어져버릴 것만 같았다. 하지만 찰스는 포기하지 않았고, 마침내 거대한 다리를 만들어내기에 이르렀다.

미국의 소설가 레이먼드 카버는 "소설의 첫 문장을 쓰고 나면 나머지는 다 쓴 거나 마찬가지다"라고 말했다. 누구나 불가능하다고 지레짐작해 포기했다면, 역사상 어떤 인물도 위대한 발명품이나 훌륭한 소설을 창작해내지 못했을 것이다. 그들은 주저하기보다 조금이나마 한 발을 내딛었다.

국내에서도 인기가 많은 일본 작가 무라카미 하루키 또한 소설을 쓰기 위해, 오로지 더 잘 쓰기 위해 쉬지 않고 펜을 굴렸다. 한 문장을 쓰고 또 한 문장을 이었고, 날마다 몇 킬로미터를 달렸는지 기록하며 점점 달리는 길이를 늘려갔다. 그에게 글쓰기와 달리기는 결코 다른 행위가 아니었다.

하루키가 달리는 이유

하루키는 1949년에 교토에서 태어났다. 국어교사였던 아버지의 영향 때문인지 하루키는 어릴 때부터 책을 많이 접했고 돈이 없을 때는 외상으로 구해 읽기도 했다. 고교 시절에는 미국 소설들을 원서로 읽으며 문학적 소양을 키웠다. 1968년에 와세다 대학교 문학부에 입학한 그는 재학 중에 지금의 아내를 만나 결혼했고, 직접 재즈 카페를 운영하기도 했다.

딱히 이렇다 할 어려움 없이 카페를 경영하던 어느 날, 하루키는 막연히 소설을 써야겠다고 생각했다. 그래서 밤에 카페 문을 닫고 틈틈이 소설을 썼다. 1979년, 하루키는 그렇게 완성한 소설 《바람의 노래를 들어라》를 문예지에 보내 단번에 신인상을 수상했다. 이후 두 번째 장편소설 《1973년의 핀볼》을 발표했고, 스콧 피츠제럴드의 단편을 번역하기도 했다.

하지만 카페 경영과 소설 작업을 병행하기란 여간 버거운 일이 아니었다. 좀 더 그럴듯한 소설을 쓰고 싶다는 마음이 커지자 하루키는 전업 소설가의 길을 가기로 결심했다. 주변 사람들은 잘 경영하던 카페를 그만두는 것을 말렸지만 하루키는 그들과 아내를 설득했다. 앞으로 2년 동안은 하고 싶은 일을 하게 해달라고, 만약 그때까지 일이 잘 풀리지 않으면 또 다른 곳에서 작은 가게를 열겠다고.

그렇게 1981년부터 전업 작가의 생활에 들어간 하루키는 곧 홋카이도를 취재하고 돌아와 장편소설 《양을 쫓는 모험》을 써냈고, 조금씩 자신감을 갖기 시작했다. 하지만 밤늦게까지 계속 카페를 운영하는 생활을 하다가 갑자기 책상에 앉아 글만 쓰다 보니 건강에 문제가 생겼다. 체력은 바닥이 났고, 몸무게는 점점 늘었으며, 하루에 60개비가 넘는 담배를 피워댔다. 이대로 가다가는 오래 글을 쓰지 못하겠다는 위기의식이 생기자 하루키는 달리기로 결심했다.

이때부터 하루키에게 달리기는 소설을 쓰기 위해 매일매일 치르는 일종의 의식이 되었다. 하루키는 이른 아침이면 근처의 니혼 대학교 운동장을 달렸고, 얼마 뒤에는 담배도 끊었다. 카페 문을 닫고 밤늦게

자던 습관을 바꾸고, 아침 5시 즈음에 일어나 밤 10시 전에 잠들었다.

집중력이 가장 높은 이른 아침 몇 시간 동안은 소설을 썼고, 이후에는 달리기를 했다. 처음에는 20~30분만 달려도 숨이 턱에 바쳤지만, 5킬로미터에서 15킬로미터, 그리고 35킬로미터로 조금씩 레이스 길이를 늘렸다. 그리고 얼마 되지 않아 마라톤 42.195킬로미터를 완주했다.

그렇게 소설을 쓰기 위해 끊임없어 달린 하루키는 마침내 장편소설 《노르웨이의 숲》을 발표하면서 세계적인 작가로 떠올랐다. 그는 지금도 변함없이 새벽에 일어나서 글을 쓰고, 그곳이 어디든 달리고 있다.

시작하라, 시작했다면 계속하라

하루키를 세계적인 작가의 반열에 올려놓은 《노르웨이의 숲》은 국내에 '상실의 시대'라는 제목으로 번역되기도 했다. 이 소설은 청춘 연애소설로, 우울하고도 도회적인 젊은이들의 사랑과 죽음, 그리고 기억에 대한 이야기다.

독일 함부르크에 도착한 서른일곱 살의 '나'는 비행기 안에 흐르는 비틀즈의 〈노르웨이의 숲〉이라는 곡을 듣고 열아홉 살 시절을 떠올린다. '나'는 친구 기즈키가 열일곱 살 때 자살한 뒤 죽음을 가까이 느끼면서 살아왔다. 기즈키의 연인이었던 나오코 역시 기즈키를 잊지 못하고 방황하다가 '나'에게 의지하지만, 결국 정신요양 시설에 들어가고, 그곳에서 자살을 한다. 그 뒤 '나'는 미도리를 만난다. 억압적인 성장 과정을 보낸 미도리도 어리광을 피우며 '나'에게 기대지만 짙은 허무감 과 죽음의 그림자는 좀처럼 지워지지 않는다.

이 소설은 하루키가 1982년에 발표한 단편소설 《반딧불》을 바탕으로 쓴 자전적 소설로, 당시 일본뿐 아니라 현실에 지쳐 깊은 허무를 품고 살아가던 세계의 젊은이들에게 큰 호응을 받았다.

하루키는 이후 1994년에 《태엽 감는 새》로 요미우리 문학상을 받았고, 2005년에는 《해변의 카프카》가 〈뉴욕 타임스〉 '올해의 책'에 선정되었다. 현재까지 50여 편이 넘는 그의 작품이 전 세계 40개 이상의 언어로 번역 출간되었다. 또한 그는 매년 노벨문학상 후보로 거론되고 있다.

하루키는 에세이 《달리기를 말할 때 내가 하고 싶은 이야기》의 마지막 페이지에서 자신의 '달리는 삶'에 대해 이렇게 말했다.

> 개개의 기록도, 순위도, 겉모습도, 다른 사람이 어떻게 평가하는가도, 모두가 어디까지나 부차적인 것에 지나지 않는다. 나와 같은 러너에게 중요한 것은 하나하나의 결승점을 내 다리로 확실하게 완주해가는 것 이다. 혼신의 힘을 다했다, 참을 수 있는 한 참았다고 나 나름대로 납 득하는 것에 있다.
>
> ― 《달리기를 말할 때 내가 하고 싶은 이야기》 무라카미 하루키 지음 | 임홍빈 옮김 | 문학사상 | 2009

인생의 마지막 한 줄

그러면서 자신의 묘비명에 대해 직접 말했다. "무라카미 하루키/ 작가(그리고 러너)/ 1949~20**/ 적어도 끝까지 걷지는 않았다"고.

하루키는 지금도 삶과 글쓰기, 그리고 달리기를 동일시하고 있다. 삶을 마라톤처럼, 글쓰기를 트라이애슬론처럼 끊임없이 땀 흘리며 쓰고 살아나가는 것, 그것이 하루키가 이야기하는 자신의 전부다.

천재가 아니기에 하루키가 할 수 있는 최선은 한 걸음, 또 한 걸음 계속 걷는 것, 그리고 한 문장, 또 한 문장 그저 쓰는 것뿐이었지만, 멈추지 않았기에 그는 거인이 되었고, 많은 이에게 커다란 울림을 주고 있다.

길고 긴 소설도 짧은 한 문장에서 시작한다. 첫 문장을 시작하면 다음 문장이 이어지고, 또 다음 문장이 꼬리에 꼬리를 문다. 글은 아무나 쓰는 것이 아니라며 지레 겁을 먹고 펜을 놓아버리면 아무 이야기도 할 수 없다. 비록 시작은 작더라도 끈기를 가지고 노력한다면 당신도 '바로 그것'을 완결 지을 수 있을 것이다.

Refresh

싸움터에서
밀려났다면,
재충전의 기회로
삼아라

하늘은 나를 버리지 않고
곱게 다듬으려 했다.

— 정약용

인생의 마지막 한 줄

　　　　　　살다 보면 지치는 날도 많다. 어떤 일을 애써서 했는데 파토가 나거나, 나의 열심을 또 다른 의도로 받아들이는 사람이 있을 때는 힘이 쭉 빠진다. 그럴 때면 이것저것 다 내팽개치고 싶어진다. 밑도 끝도 없이 게으름을 피우며 몇날 며칠이고 잠만 자고 싶다.

　그러나 빚쟁이처럼 밀려드는 팍팍한 일정이 나를 가만두지 않는다. 가끔은 피치 못하게 유배를 떠나 작품을 완성시킨 인물들처럼, 누군가 나를 어딘가로 보내주었으면 하는 생각도 든다. 실제로 교황청에 밉보여 유배를 떠난 단테는 이후 18년에 걸쳐 《신곡》을 완성했고, 정약용 또한 신유사옥으로 18년간 유배 생활을 하면서 실학사상을 집대성했다. 이들은 귀양살이를 형벌이 아닌, 온전히 자기 내면을 들여다볼 수 있는 계기로 삼은 것이다.

　어쩌면 우리는 이미 귀양살이를 하고 있는지도 모른다. 굳이 멀리 떠밀려 내려가 초가집에 들어앉지 않더라도, 날마다 가시방석에 앉아 살아가고 있으니까. 지금은 전업 작가로 살고 있지만, 나도 한때는 샐러리맨으로 조직에 속해 살면서 여러 사람의 눈치를 보며 이직이나 휴직을 했다. 그리고 너무 힘들어서 사표를 내고는 한동안 빈둥거리기도 했다.

　"너는 왜 남들처럼 한 회사에서 진득하게 일을 못하는 거니?"

　어머니는 나를 안타깝게 생각했다. 지인들이 나를 보는 시선도 다르지 않았다. 어떤 제도권에 속하지 않는 이상, 나는 그저 한량일 뿐이었다. 그러나 나는 오히려 담담했다.

"저는 온전히 글을 쓸 때가 그 어느 때보다도 행복해요. 비록 정해진 월급도 없고, 수입도 크게 줄었지만 매순간이 자유롭거든요."

그 후 사람들은 묵묵히 나를 지켜봐주었고, 나 또한 굳이 다른 사람의 시선에 연연하지 않았다. 진짜 유배는 그곳이 어디든 사람들의 눈길을 지나치게 의식하는 순간 시작되지 않을까.

천재 군주와 천재 학자

정약용은 1762년에 경기도 광주에서 태어났다. 어릴 때부터 영특했던 정약용은 네 살 때 천자문을 뗐고, 열 살이 되기 전에 자작시를 모아 《삼미집三眉集》을 편찬했다. 어릴 적에 천연두를 앓은 정약용은 흉터 때문에 오른쪽 눈썹이 셋으로 나뉘는 바람에 '삼미三眉'라고도 불렸다. 방대한 독서량을 자랑했던 그는 스물두 살에 초시에 합격해 성균관에 들어갔다. 정조는 일찍이 정약용을 눈여겨보았고, 정약용은 스물여덟 살에 대과에 2등으로 합격해 벼슬길에 올랐다.

정약용은 학자로서의 지식뿐 아니라 행정가로서의 실행력도 뛰어났다. 수원화성을 짓기 위해 거중기를 고안하기도 한 그는, 하는 일마다 업적을 남겨 교리, 부승지, 참의까지 승진을 거듭했다. 일찍이 진주목사의 아들로 태어난 정약용은 아버지를 통해 목민관으로서의 수완과 리더십을 배웠고, 백성들의 실생활에도 깊은 관심을 가졌다.

인생의 마지막 한 줄

정약용은 단순히 지식을 얻기 위한 학문이 아닌, 생업에 꼭 필요한 실용적인 학문에 관심이 많았다. 또한 백성들이 배고프지 않게 잘 먹고살 수 있도록 토지 제도를 바꾸고자 했다. 그는 아예 농민들이 토지를 공동으로 소유해 같이 경작하고 수확물을 공평하게 나누기를 바랐다. 이는 당시로서는 매우 파격적이고 위험하기까지 한 발상이었다. 정조가 계속 살아있었다면 이런 제도가 실행되었을지도 모른다. 하지만 정조는 1800년에 과로와 부스럼 등으로 쓰러져 마흔아홉 살의 나이에 갑작스럽게 숨을 거두었다.

> 수령의 직분을 다하려면 덕과 위엄이 있어야 하며 밝은 정치를 펴겠다는 뜻과 잘못된 것을 살펴 헤아릴 줄 아는 눈이 있어야 한다. 수령이 제 할 일을 다 못할 경우 백성이 괴로움을 당하고 길바닥에 쓰러질 것이다. 그렇게 되면 사람들의 비난이 따를 것이며 귀신들이 책망을 할 것이니 그 화가 후손들에게까지 미칠 것이다.
>
> — 《정약용이 들려주는 목민심서》 이지현 지음 | 세상모든책 | 2008

정약용은 후배 목민관들에게 '수령이 제 할 일을 다 하지 못할 경우 백성이 괴로움을 당하고 길바닥에 쓰러질 것'이니 부디 정신을 차리라고 일침을 가했다. 하지만 그것으로 부족했는지, 썩은 관리라면 그런 것쯤은 안중에도 없을 줄 알았는지, 덧붙여 은근한 협박(?)을 잊지 않았다. 자꾸 그런 식으로 나오면 당신들을 '귀신들이 책망할 것'이며 '그

화가 후손들에게 미칠 것'이라고. 요약하자면 이런 뜻이 아닐까.

'백성을 무시하고도 하늘이 무섭지도 않느냐? 백성은 곧 하늘이다!'

이탈리아의 정치사상가인 마키아벨리라면 이렇게 화답했을지도 모르겠다. 국가가 발전하려면 먼저 강력한 군주가 '우민愚民'들을 통제하고 이끌어야 한다고. 군주야말로 태양이라고. 국민들의 사상과 정서쯤은 일정 부분 희생되어야 마땅하다고 말이다.

> 군주에게 가장 중요한 일이 무엇인가? 나라를 지키고 번영시키는 일이다. 일단 그렇게만 하면, 그렇게 하기 위해 무슨 짓을 했든 칭송받게되며, 위대한 군주로 추앙받게 된다.
>
> — 《군주론》 니콜로 마키아벨리 지음 | 신복룡 역주 | 을유문화사 | 2007

만약 정조가 살아있었다면, 그리고 정약용이 곁에 있었다면, 이런 강력한 군주론이 조화롭게 빛을 발했을지도 모른다. 하지만 정조가 세상을 떠나고 세도정치가 시작되면서 조선의 앞길은 점점 더 어두워졌고, 정조가 아꼈던 정약용의 앞길에도 풍파가 일기 시작했다.

하늘을 사랑한 죄

1801년에 신유사화가 일어나고, 서학西學인 천주교를 따르는 자들이

박해를 받으면서 정약용 또한 전남 강진으로 유배를 가게 되었다. 정약용은 18년간의 유배 생활 속에서 《목민심서》, 《경세유표》 등 500여 편이 넘는 책을 썼다. 유배에서 풀려나 고향 마현으로 돌아온 뒤로는 실학사상을 바탕으로 후학을 양성하다가, 1836년에 일흔다섯의 나이로 조용히 숨을 거두었다. 정약용은 죽기 14년 전에 회갑을 맞아 스스로 비문을 지었다. 천명天命에 순응하겠다는 다짐과 함께 자신의 학문을 돌아보면서도, 한편으로는 정적이었던 서영보에 대한 원망도 드러냈다.

그럼에도 정약용은 평생 하늘을 두려워하며 백성들을 아끼고 사랑했다. 학문을 갈고닦기를 게을리 하지 않았고, 배운 대로 몸소 실천했다. 그것들을 후대에 전하기 위해 유배 기간 중에도 저술에 힘썼다. 18년 동안 500권 이상의 책을 내놓으려면 한 달에 적어도 두세 권씩은 써야 한다.

'하늘은 나를 버리지 않고, 곱게 다듬으려 했다'는 그의 비문을 보면 치열했던 조정의 싸움터를 벗어나 유배지에서 자신의 소명을 찾은 것처럼 보인다. 타인의 알력 때문에 밀려났지만, 그 안에서 새로운 길을 찾은 셈이다.

우리도 살다 보면 애쓴 일이 엎어지거나, 진심을 송두리째 오해받거나, 타인으로부터 배척당해 물러날 수도 있다. 그럴 때마다 좌절하지 말고, 덕분에 나를 돌아보고 재충전하는 시간을 갖게 됐다고 생각하면 어떨까. 정약용이 귀양살이를 하면서 수많은 책을 집필했기에 이후 후학 양성에 힘써 조선에 큰 영향을 미칠 수 있었던 것처럼 우리 앞에도 더 크고 반짝이는 길이 기다리고 있을지도 모른다.

Challenge

열 손가락에 꼽을 만큼
실패하지 않았다면,
다시 도전하라

나는 도전하다 실패했다.
그러나 또다시 도전해서 성공했다.

—게일 보든

살면서 실패를 경험하지 않은 사람은 없을 것이다. 누구든 한 번 이상, 아니 여러 번 실패한다. 시험, 취업, 사업은 물론 인간관계를 맺는 데도 실패해 종종 넘어진다. 그럴 때마다 우리는 지쳐서 좌절하고, 한동안 넘어진 채로 괴로워한다.

하지만 실패로 인해 얻는 결과는 제각각이다. 빨리 툭툭 털고 일어나는 것이 중요하다. 실패를 복기하여 다시 도전하고, 또 다른 방식으로 시도해볼 수 있다면 걸림돌은 어느새 디딤돌이 되어 우리를 조금 더 높은 곳으로 이끌어줄 것이다.

나 역시 학창 시절에 등수가 매겨진 성적표를 받을 때마다 실패한 기분이 들었다. 고교 시절에는 전교 꼴지를 맴돌았다. 대학을 휴학하고는 비디오 대여점을 열었는데, 2년도 채 운영하지 못하고 문을 닫았다. 그 흔한 영어시험 점수도 없이 겨우 졸업해서는 취업할 엄두가 나지 않아 중국으로 도망치듯 떠났다. 3년 뒤에 한국에 돌아와서도 실패의 연속이었다. 수십, 수백 번 이력서와 자기소개서를 썼다. 처음에는 서류 탈락 통보를 받을 때마다 좌절하여 술을 마셨다. 하지만 여러 차례 자기소개서를 수정하면서 내 삶에 대해, 미래에 대해 조금씩 다르게 생각하기 시작했다.

'그래, 이건 실패로 끝난 게 아니라 실패라는 계단을 밟고 올라가는 과정이야. 그 계단이 100개든, 300개든, 1,000개든 중요하지 않아. 어느 지점에는 반드시 합격이라는, 성공이라는 글자가 새겨진 계단이 있을 거야. 그 계단이 나올 때까지 앞으로 나아가는 거야.'

나는 한 차례 넘어질 때마다 더 큰 목표를 세우며 꿈을 꾸었다. 한 계단 올라섰으니 그만한 자격이 있다고 스스로를 독려했다. 그리고 원인을 분석하고 준비해서 다음에는 더 당당하게 도전했다. 끝내 합격하지는 못해도 원 없이 시도하고, 원 없이 떨어진 내게 박수를 쳐주었다. 그러던 어느 날, 마침내 회사 합격 통보를 받았을 때, 나는 기뻐하면서도 어느 순간 다음 계단을 바라보고 있었다.

아직 나이가 어려서 실패를 논하기에 부족하다면, 미국의 연유 발명가 게일 보든의 이야기에 귀 기울여보자. 수없이 망하고 엎어져도 아랑곳하지 않고 다시 도전했던 남자, 그리고 마침내 국제박람회에 자신의 발명품을 내놓고 호평을 얻지만, 머지않아 크게 실패해서 전 재산을 날리고 만, 그래도 늦은 나이에 다시 도전해서 결국 백만장자가 된 한 남자의 이야기를 말이다.

수많은 직업을 전전하다

게일 보든은 1801년에 미국 뉴욕에서 마차 제조업자의 아들로 태어났다. 몸이 허약해서 제대로 된 학교 교육을 받지 못했던 그는 혼자 측량 기술을 익혔다. 보든은 측량 일을 하면서 땅을 사들여 농장도 운영했고, 지역의 신문사도 경영했다. 1836년에 멕시코에서 반란을 일으킨 미국인들이 알라모 요새에서 죽었다는 특종을 보도하며 크게 유명해지기도 했지만, 생활은 곧 빠듯해졌다. 그러자 보든은 발명가로 변신했다.

당시 미국은 땅덩어리가 큰 반면, 식량 보존이나 수송 기술에는 한계가 있어서 어떤 음식이든 운반하다가 부패하기 일쑤였다. 보든은 이런 문제점을 인식하고 음식을 농축하는 데 관심을 가졌다. 그가 첫 번째로 발명한 것은 쇠고기에서 뽑아낸 육즙과 밀가루를 섞어 만든 일종의 고기과자였다. 보든은 이것으로 1851년에 런던국제박람회에서 대상을 받았다. 하지만 사업을 급하게 확장하려다 오히려 쫄딱 망하고 말았다.

평생 다양한 직업을 전전하며 성공을 꿈꿨고, 또 창의적인 시도와 끝없는 도전으로 매번 성공의 문턱까지 갔던 보든은 이번에도 실패를 하고 만 것이다. 심지어 실패의 타격이 너무 커서 재기하기도 어려울 듯 보였다. 이때 보든의 나이는 쉰한 살이었다. 그럼에도 그는 농축 기술을 포기하지 않았다. 그야말로 바닥을 쳤으니 올라갈 일만 남았던 것이다.

당시 전국적으로 우유 소비가 증가하면서 낙농업이 크게 발달했는데, 늘어난 수요를 감당하려고 비위생적으로 소를 키우다 보니 우유의 질이 떨어지거나 운송하면서 상하는 일이 많았다. 우유 때문에 영유아들이 죽는 경우도 다반사였다. 보든은 런던 박람회를 마치고 돌아오던 뱃길에서 젖소가 멀미 때문에 젖을 생산하지 못하자 아이들이 굶주렸던 것을 떠올렸다. 보든은 무릎을 탁, 쳤다.

'그렇다. 호불호가 갈리고 만들기 어려운 음식보다 남녀노소 누구나 좋아하고, 반드시 필요한 우유를 농축해보자. 그래서 아이들이 안전하게 먹을 수 있게 해보자.'

보든은 당장 농축 우유를 발명하는 작업에 착수했다. 여러 발명가가 시도를 해서 실패했고, 일부 과학자들이 불가능하다는 의견을 표명한 뒤였다. 하지만 보든은 멈추지 않았다. 보든은 우유를 끓여 압축하려 했지만 실패했다. 일정한 수분을 증발시키고 또 증발시켜보았지만 맛이 이상했다. 이래저래 우유를 달리 끓여보거나 여러 첨가물을 넣어보아도 결과는 마찬가지였다. 게다가 금방 상해버렸다. 그렇게 1년이 지나고, 또 2년이 지났다. 이미 파산 상태였던 보든의 살림은 극도로 어려워졌다. 예전에 했던 일들을 다시 시작한다면 입에 풀칠 정도는 할 수 있었겠지만 보든은 포기하지 않았다.

수많은 시도 끝에 그는 결국 해결책을 찾아냈다. 일찍이 보든은 세이커교도들이 모여 사는 마을에서 그들이 과일즙과 설탕을 진공 상태에서 농축해 식량으로 비축해두는 것을 본 적이 있었다. 보든은 그때의 기억을 살려 진공 팬을 써서 실험에 착수했고, 마침내 연유 발명에 성공했다. 그러나 이번에도 사람들은 보든의 결실에 관심을 기울이지 않았다.

"이미 신선한 우유로 직접 건조한 치즈나 버터가 있는데 왜 굳이 우유를 일부러 오래 보관하면서 먹어야 하나요?"

도전하고, 도전하고, 또 도전하다

이미 여러 발명가가 연유 발명을 시도해왔기 때문에 보든의 연유는 독보적인 발명으로 인정받지 못했다. 특허를 따내는 데만도 수년이 흘렀다. 그 사이 그가 처음 세운 연유공장은 문을 닫았고, 두 번째 공장마저 위태위태했다. 하지만 보든은 마지막까지 버티면서 사람들에게 연유를 알렸다. 또한 생산 및 유통 과정에서 연유의 위생과 안전성을 확보하는 데 모든 노력을 기울였다.

하늘은 스스로 돕는 자를 돕는다고 했던가. 몇 년 뒤에 남북전쟁이 터졌다. 가벼워서 나르기도 쉽고 영양도 충분한 연유는 전투 식량으로써 최고의 상품으로 떠올랐다. 힘들고 고단했던 전장에서 연유를 맛본 병사들은 그 맛을 잊지 못했다. 남북전쟁을 치른 병사들은 스스로 연유의 홍보대사를 자처하며 가족과 지인들에게 연유를 권했다.

보든은 머지않아 백만장자가 되었고, 1874년, 일흔넷의 나이에 숨을 거둘 때까지 성공가도를 달렸다. 이후 보든의 회사는 대공황을 거치며 다시 위기에 처했지만, 또다시 제1차 세계대전이 발발해 연유 수요가 급증하면서 세계적으로 알려졌다.

오늘날 보든의 묘비에 쓰인 '나는 도전하다 실패했다. 그러나 또다시 도전해서 성공했다'라는 글귀는 성공을 추구하며 노력하는 많은 사람에게 종종 회자되고 있다. 그가 했던 도전과 실패를 횟수로 따지면 손에 꼽기도 어려울 정도다. 하지만 보든은 나이가 들어서도 멈추지 않았고, 실패를 자산 삼아 끊임없이 도전했다. 그에게는 실패의 경험이 걸림돌이 아니라 디딤돌이었다. 실패를 할수록 더 높이 도약할 수 있었다.

그동안 나는 얼마나 실패했고 얼마나 넘어졌는지 자신을 돌아보는 시간을 가져보자. 실패의 기억이 손꼽을 수 없을 정도로 많다면 당신은 운이 좋은 편이다. 이미 99도로 끓어오른 상태이니까. 이제 1도만 더 뜨거워지면, 곧 완전히 끓어올라 훨훨 날아오를 테니까. 실패를 두려워 말고 또다시 도전하자. 성공을 향한 카운트다운은 시작되었다.

Possible

불가능해 보여도
계속 꿈꾸어라

우리 모두 리얼리스트가 되자.
그러나 우리의 가슴 속에 불가능한 꿈을 가지자.

— 체 게바라

누구나 잊지 못할 여행의 추억을 가지고 있을 것이다. 또한 그 여행이 준 깨달음으로 새로운 도약을 하게 된 사람도 있으리라.

영화 〈모터사이클 다이어리〉에는 스물세 살의 의대생 에르네스토와 그의 생화학도 친구인 알베르토가 남미대륙을 횡단하는 이야기가 나온다. 두 사람은 '포데로사'라고 이름 붙인 낡은 오토바이를 타고 남미대륙을 가로지르는데, 그들 앞에는 예상치 못한 난관이 펼쳐진다. 게다가 곧 소떼와 부딪혀 오토바이마저 부서진다.

하지만 그들은 멈추지 않고 걸어서 계속 여행을 한다. 나병 치료를 전공하고자 했던 에르네스토는 여행 중에 나환자촌에도 머무르는데, 맨손으로 환자들의 손을 잡거나 같이 부대끼며 치료를 돕는다. 그러면서 그는 남미의 열악한 환경과, 그보다 더 불안한 정치 상황을 목격한다. 그렇게 당초 계획한 4개월이라는 일정보다 긴 시간인 8개월간의 여행을 마치며 에르네스토는 세상에 대한 열망과 동시에 안타까움을 품고 일상으로 복귀한다.

에르네스토는 곧 의학박사 학위를 받지만, 안정된 미래를 버리고 과테말라를 거쳐 멕시코로 망명한다. 그는 인간의 육체를 치료하는 의사가 아닌, 정신을 고치는 전사이자 혁명가의 길을 택한다. 이들은 실존 인물로, 에르네스토는 20세기의 가장 위대한 영웅이자 '전사 그리스도'로 추앙받는 체 게바라다.

하나의 이상을 위해

체 게바라는 1928년에 아르헨티나의 한 가정에서 태어났다. 그는 미숙아로 태어난 데다 두 살 때 폐렴을 앓아 평생 천식을 가지고 살았다. 체 게바라는 몇 번이고 위급한 상황에 처했지만, 그때마다 잘 극복하고 운동과 치료를 거듭하며 살아남았다. 그는 그러한 환경 속에서 자연스럽게 의사가 되기를 꿈꾸었다.

그러나 체 게바라는 남미 여행을 다녀온 뒤, 더 많은 사람을 살피기 위해서는 개개인의 치료보다도 국가의 체제가 바뀌어야 한다는 것을 깨달았다. 그리고 자유로운 사회를 이룬 과테말라로 넘어갔다. 그는 국가가 국민을 억압하지 않고, 모두가 평등하고 자유로운 사회를 갈망했다. 하지만 과테말라마저도 미국 자본의 지원을 받은 아르마스가 쿠데타를 일으켜 장악해버리자, 체 게바라는 크게 실망하여 멕시코로 망명했다.

그곳에서 체 게바라는 쿠바의 독재자인 바티스타에 항거하다가 망명해온 피델 카스트로와 운명적으로 조우했다. 두 사람은 의기투합하여 쿠바의 해방을 위해 뜻을 모았다. 체 게바라는 우선 군의관으로 전투에 참여했다. 쪽배를 타고 쿠바에 상륙한 체 게바라와 동지들은 열악한 기후와 지형 조건을 극복하기 위해 게릴라전을 펼쳤다. 그러자 쿠바 내 반정부군이 이에 합류하면서 세력은 점점 커졌다. 그 과정에서 체 게바라의 통솔력과 작전 수행능력은 빛을 발했고, 그는 단숨에 반군의 2인자로 떠올랐다. 카스트로와 체 게바라는 마침내 1959년에 쿠바혁명을 성공시켰고, 독재자 바티스타는 도미니카로 망명했다.

이후 체 게바라는 쿠바의 국민으로서 국립은행 총재, 산업부 장관 등의 요직을 거치며 정부의 각료로 활동했다. 하지만 자유로운 사회를 일구어가기보다는 소련의 눈치를 보기에 급급한 카스트로의 모습에 실망했다. 체 게바라는 모든 것을 내려놓고 아프리카 콩고로 떠났다가, 다시 볼리비아의 혁명에 뛰어들었다.

그에게 권력이나 지위는 중요하지 않았다. 그는 독재로부터 모든 국민이 자유로워지기를 바랐다. 당시 볼리비아 역시 쿠데타에 이은 군부 정권이 들어서 있었다. 체 게바라는 반독재 혁명군 편에 서서 전투를 이어갔다. 그러나 볼리비아 민중들은 외국인을 좋아하지 않았고, 혁명군은 곧잘 분열을 일으켰다. 게다가 고산지대인 볼리비아에서 체 게바라의 지병인 천식은 종종 발목을 붙들었다.

결국 체 게바라는 1967년에 미국의 지원을 받은 볼리비아 정부군에 붙잡혔다. 미국은 날로 명망이 높아지는 체 게바라를 부담스러워했고, 결국 체 게바라는 1967년에 볼리비아 하사관의 총에 맞아 숨을 거두었다.

불가능했기에 가능했던 꿈

체 게바라가 죽기 직전에 볼리비아 하사관에게 "떨지 말고 방아쇠를 당기시오"라는 말을 남겼다는 주장과 "알아두시오. 당신은 지금 사람을 쏘고 있소"라는 말을 남겼다는 주장이 있다. 어느 쪽이 맞는지는 의견이 분분하지만 확실한 것은 그를 쏜 하사관이 6개월 뒤에 투신자살을 했다는 점이다.

체 게바라는 세상을 떠났지만 그의 명성과 영향력은 더욱 커졌다. 체 게바라를 추종하는 사람들은 전 세계적으로 늘어났고, 그를 따라 혁명에 참여하려는 사람도 많아졌다. 그는 볼리비아에서 죽은 지 30년이 지나서야 발굴되어 쿠바의 산타클라라로 이장되었다. 그의 유해는 다른 혁명 영웅들과 함께 체 게바라 기념관에 묻혀 있기에, 자신만의 특정한 묘비명은 사실상 없다. 그러나 체 게바라가 남긴 말 중에 전 세계 수많은 사람에게 여전히 묘비명처럼 울림을 주는 문구가 있다.

> 우리 모두 리얼리스트가 되자. 그러나 우리의 가슴속에 불가능한 꿈을 가지자.
>
> ― 《체 게바라 평전》 장 코르미에 지음 | 김미선 옮김 | 실천문학사 | 2005

어떻게 보면 체 게바라는 꿈을 이루었지만, 꿈을 이루지 못했다고도 할 수 있다. 그가 진정으로 원했던 것은 전 세계의 혁명이었다. 그것은 사실상 불가능한 꿈이었다. 하지만 체 게바라는 그러한 사실을 알면서도 꿈꾸는 일을 멈추지 않았다. 그는 리얼리스트인 동시에 몽상가였다. 체 게바라는 죽었지만, 그 덕분에 그의 꿈을 기리며 더 큰 꿈을 꾸는 사람이 늘고 있다.

우리 모두는 현실에 단단히 두 발을 딛고 선 리얼리스트다. 국내외 정세는 어수선하고, 잠잠하다 싶으면 권력층의 비리가 터져나온다. 그럴 때마다 '이런 사회에서 열심히 살아 무엇하나' 하는 생각도 든다. 하지만 그럴수록 독재와 다름없는 세력들을 향해 체 게바라처럼 목소리를 높이며 광화문에, 가까운 광장에 모여드는 시민들을 보면 가슴이 뜨거워진다.

우리는 이미 불가능한 꿈을 꾸는 리얼리스트인지도 모른다. 하지만 불가능하기에 더더욱 큰 꿈을 꾸어야겠다.

우리 모두 리얼리스트가 되자.
그러나 우리의 가슴속에 불가능한 꿈을 가지자.

PART ○○○○○○○○○○○○○○○○○○○○○○○○○○○ 2

우울해할 시간이 없다

Destiny

메멘토 모리,
죽음을 기억하라

오래 살다 보면 이런 일이 일어날 줄 알았다.

―조지 버나드 쇼

제대를 한 달 앞두고 빨간 모자를 쓴 조교로 유격 훈련에 참여한 적이 있다. 눈을 가늘게 뜨고 악을 지르면 사병들은 하나 같이 벌벌 떨며 허둥댔다. '누군가에게 윽박지르고 알력을 행사한다는 것이 이런 거구나'라는 묘한 자괴감이 들었다.

유격 훈련의 마지막 날 밤에는 흔히 '귀신놀이'라고 하는 담력 훈련이 진행되었다. 귀신으로 분장한 조교들이 산속에 숨어 있다가 사병들이 지나갈 때마다 놀래주는 것이었다. 며칠간 이어온 고된 훈련에 비하면 그저 장난에 불과했지만, 그날따라 비가 내려 사병들은 조금 무서워했다.

어둠 속에서 내리는 비는 사방의 소리를 집어삼켰다. 인기척이 없으니 산은 더 음산하고 음울했다. 나는 '깨어나는 시체' 역할을 맡았다. 관 속에 누워 있다가 누가 지나가면 관 뚜껑을 박차고 일어나 소리를 질렀다. 뭐 굳이 소리까지 지를 필요도 없었다. 전투화로 관 뚜껑을 차는 순간 대부분 줄행랑을 쳤으니까.

처음 몇 번은 사병들이 무서워하는 모습이 재미있었지만 이내 심드렁해졌다. 어느 순간, 관 속이 아늑하게 느껴졌다. 이따금씩 빗줄기가 나무판을 톡톡 두드리는 소리가 들렸다. 나는 곧 깊이 잠이 들었다. 다른 조교들이 인원을 체크하며 관을 열어보지 않았다면 그대로 낙오될 뻔했다. 관 밖으로 나가기 위해 몸을 일으키자, 묘한 기분이 들어 다시 드러누웠다. 그때 이런 생각이 들었다.

'아, 나도 언젠가 죽는구나.'

인간은 누구나 죽는다는, 당연하지만 당연하지 않은 사실을 인지하며 살아가는 사람들의 하루는 분명 다를 것이다. 영국의 극작가 조지 버나드 쇼 또한 자신의 묘비명처럼 '오래 살다 보면 이런 일이 일어날 줄' 알며 살아간 사람 중 한 명이었다. 그 덕분에 버나드 쇼는 무대위에서 삶과 죽음에 관한 수많은 이야기를 생생히 재현해낼 수 있었고, 많은 사람에게 큰 감동과 깨달음을 안겨줄 수 있었다.

세상을 사랑한 프로테스탄트

버나드 쇼는 1865년에 아일랜드 더블린의 프로테스탄트 집안에서 막내로 태어났다. 아버지의 사업 실패로 집안 사정이 좋지 않아 버나드 쇼 역시 공부하는 틈틈이 일을 해야 했다. 그는 예술적 소양이 깊었던 어머니의 영향을 받아 문학과 미술, 음악 등에 관심이 많았다. 결국 그는 20대에 접어들면서 작가가 되기로 결심하고 어머니가 살고 있는 런던으로 떠났다.

당시 산업혁명의 소용돌이가 몰아치던 '첨단 산업 도시' 런던에서 버나드 쇼는 문제의식을 가지고 습작을 꾸준히 했고, 그렇게 완성시킨 소설을 출간하려 했지만 번번이 거절당했다. 그럼에도 그는 계속글을 썼다.

버나드 쇼가 보기에 산업혁명으로 인해 가장 큰 피해를 받는 사람

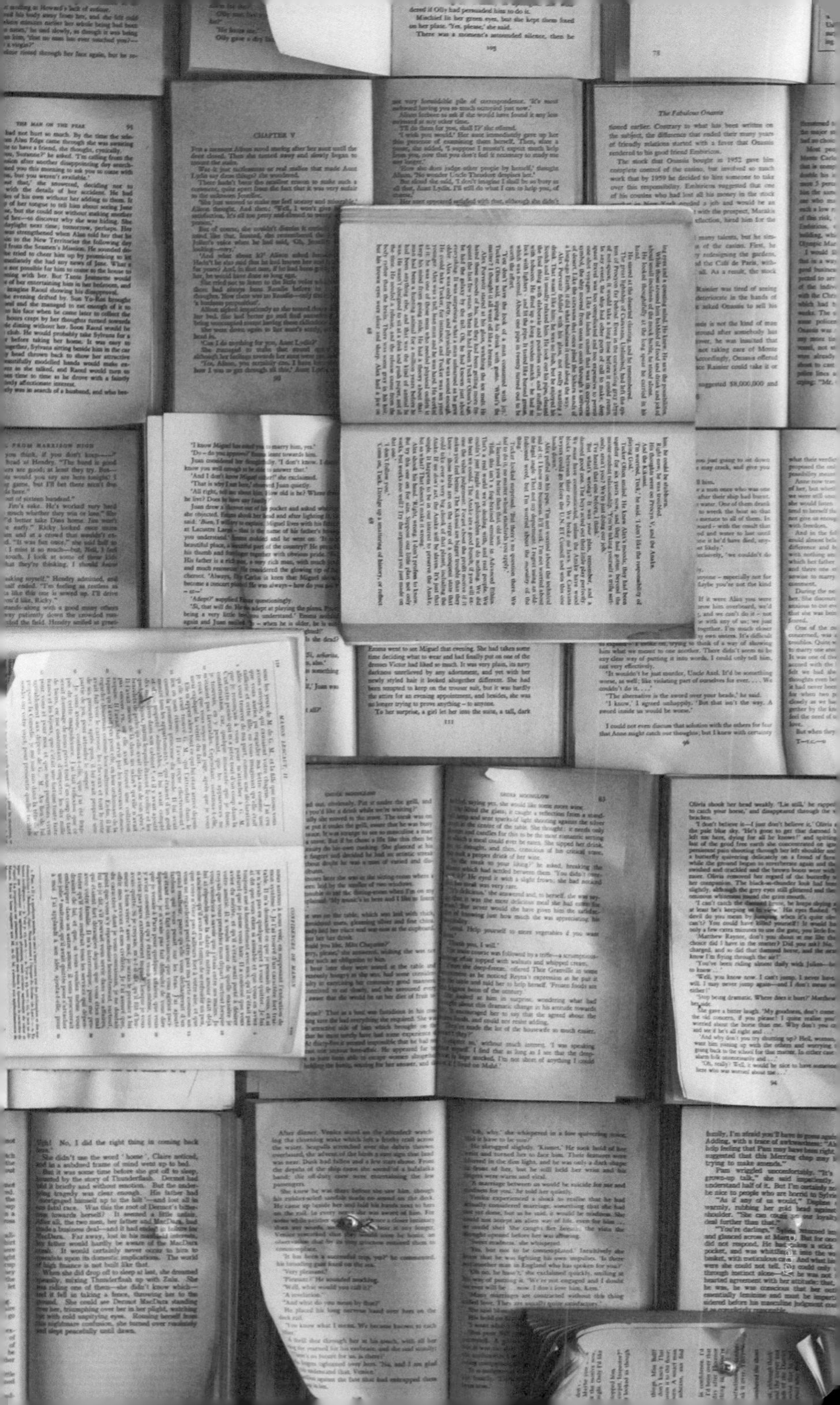

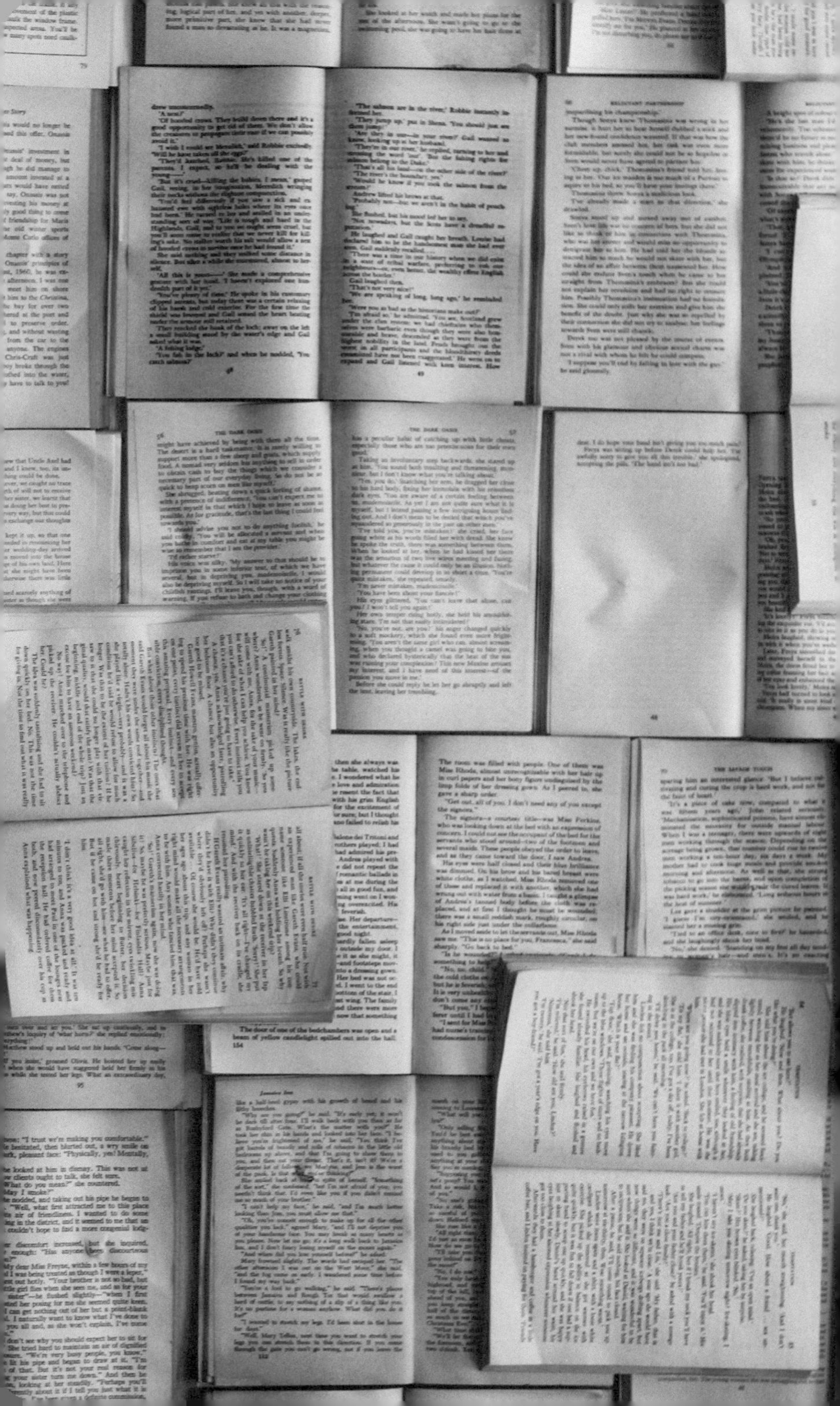

은 노동자, 그중에서도 가난한 여자와 어린이였다. 열악한 노동 현장에서 많은 사람이 목숨을 잃었지만 아무도 그들의 죽음에 주목하지 않았다. 버나드 쇼는 '죽음이 이토록 가벼울 수 있을까' 고뇌하며 그들의 삶을 소설로 형상화했고, 사회주의 운동에도 적극적으로 참여했다.

하지만 소설이 읽히지 않자 전략을 바꾸어 희곡을 쓰기 시작했다. 셰익스피어보다는 입센을 좋아했던 버나드 쇼는 1891년에 극론 《입센주의의 정수》를 출판했다. 그리고 이어서 〈홀아비의 집〉, 〈무기와 인간〉, 〈인간과 초인〉 등을 발표하면서 사회 문제를 날카롭게 묘파한 새로운 작가로 떠올랐다.

1913년에 발표한 〈피그말리온〉은 1938년에 영화화되었고, 그에게 아카데미 각본상과 함께 세계적인 명성을 안겨주었다. 하지만 그에게 인기는 그다지 중요하지 않았다. 그는 멈추지 않고 글을 썼다. 버나드 쇼는 칠순이 될 즈음에 잔다르크를 극화한 〈성녀 조앤〉을 발표했는데, 이 작품은 그가 노벨문학상을 타는 데 결정적인 역할을 했다.

버나드 쇼의 만년필은 약자들에게는 난로와 방패가 되어주었고, 부도덕한 강자들에게는 예리한 총칼로 날아들었다. 그가 볼 때 전쟁은 수많은 사상자를 내는 가장 악덕한 행위였다. 죽음 앞에서는 어떤 국가와 민족도 정당화될 수 없었다.

버나드 쇼는 제1차 세계대전 때 전쟁을 비판하며 영국과 동맹국들을 겨냥한 글을 발표하여 큰 비난을 받았다. 하지만 그는 멈추지 않았다. 그러다가 제2차 세계대전 중에 아내가 숨을 거두자, 깊은 슬픔에 빠졌다. 어릴 때부터 수많은 죽음을 봐왔고 그에 대한 이야기도 많이 썼지만, 막상 가장 사랑하는 사람이 세상을 떠나자 허무함이 밀려들었다. '모든 사람은 결국 죽는다는 진실'을 너무도 잘 알았던 버나드 쇼는 외롭고 막막한 실존 앞에서 아무것도 할 수 없었다. 그렇게 버나드 쇼의 삶은 1950년, 아흔여섯의 나이로 막을 내렸다.

우물쭈물 vs. 오래 살다 보면

모든 사람은 죽는다는 사실 앞에서 때론 두렵기보다 자유롭다. 결국 흙으로 돌아간다면, 이 짧은 생을 이토록 아등바등 살 필요가 있을까? 조금 밑지고 조금 억울해도, 주변 사람들과 사랑을 주고받으며 그저 소소하게 살아가는 그 자체로 충분하지 않을까. 권력도, 재력도 영원하지 않다면, 영원히 살 것처럼 더 많은 것을 쥐기 위해 힘쓰기보다 지금 가지고 있는 것에 만족하며 나누어도 좋으리라.

버나드 쇼의 묘비명은 '우물쭈물하다가 내 이럴 줄 알았지'라는 뜻으로 오역되어 알려지기도 했다. 그러나 정확한 뜻은 '오래 살다 보면 이런 일이 일어날 줄 알았다'이다. 아이러니하게도 이 두 개의 의미는 우리에게 많은 생각을 던져준다. 전자가 '무언가를 더 이루어야 하고, 더 해내야 한다'라는 뜻으로 읽힌다면, 후자는 '죽음 앞에서는 모두 평범하다. 성공한 극작가였던 나도 마찬가지다'라고 읽힌다.

버나드 쇼는 극작가로서 수많은 삶을 형상화하며 어떤 부와 명예, 어떤 운명과 굴곡 속에서도 사람은 모두 죽는다는 것을 매번 깨닫지 않았을까. 그가 남긴 묘비명은 죽음에 대해 다시 한 번 생각하게 한다.

언젠가 우리 차례가 반드시 온다면, 우리는 남은 인생을 어떻게 살아야 할까.

Life

삶이
그대를
속일지라도

푸시킨아, 살아서 우리에게 다시 돌아오라.

— 알렉산드르 푸시킨

삶이, 또 사람이 나를 속인다고 느껴지면 모든 것을 등지고 다른 곳으로 훌쩍 떠나고 싶어진다. 그럴 수만 있다면 삶을 '리셋'해서 아예 다른 사람으로 살아보고도 싶어진다.

삶이 그대를 속일지라도
슬퍼하거나 노하지 말라

힘겨운 상황에 처했을 때 누구나 한 번쯤 이 시구를 떠올려본 적이 있을 것이다. 그리고 시를 읊조리며 조금이나마 위로받고 마음을 다잡은 사람도 있을 것이다. 러시아 시인 알렉산드르 푸시킨의 시 〈삶이 그대를 속일지라도〉는 '한국인이 가장 사랑하는 시'를 선정할 때마다 상위에 꼽힌다.

주변에 복잡한 문제가 쌓이고 감당할 수 없는 버거움이 느껴질 때, 단지 시 한 편을 읽는 것만으로 마음이 가벼워지기도 한다. 시를 읽는 독자의 마음이 시인의 고뇌와 만나는 지점에서 공감하게 되고, 또 공감받게 된다. 이는 시인 역시 자신의 힘으로는 어쩔 수 없는 운명의 굴레 속에서 치열하게 고민하며 시를 썼기 때문이리라.

푸시킨은 고단한 현실 속에서도 항상 긍정적이고 자유로운 삶을 살았다. 또한 자신뿐 아니라 러시아 민중을 위해서도 시를 썼다. 이런 시인의 뜨거운 열정과 도전적인 삶 덕분에 그의 작품을 읽는 많은 사람이 여전히 시대를 초월하여 위로받고 또 새 힘을 얻는 게 아닐까.

러시아의 국민시인, 세계의 사랑을 받다

'러시아의 국민시인' 푸시킨은 1799년 5월, 러시아 모스크바에서 태어났다. 아버지는 모스크바 귀족 가문 출신의 퇴역 소령이었고, 어머니는 에티오피아 왕자의 손녀였다. 푸시킨은 상류층 자제답게 다채로운 교육을 받으며 시인의 재능을 다져나갔다.

그는 1811년에 차르스코예셀로의 기숙학교에 입학했고, 1817년에 상트페테르부르크의 외무부 서기로 근무하기 시작했다. 하지만 푸시킨은 일보다는 자유롭게 거리를 활보하며 시를 쓰는 것을 더 좋아했다. 초기에는 주로 낭만주의적인 시들을 썼고, 민족주의와 리얼리즘에 눈을 뜨면서는 현실참여적인 시와 소설들을 발표했다. 그는 누구보다도 러시아 민중을 뜨겁게 사랑했다. 한때 민중의 자유를 노래하는 시를 썼다가 남부 러시아로 유배당하기도 했다.

1828년에 푸시킨은 무도회에서 나탈리야 곤차로바를 보고 첫눈에 반했다. 그녀는 좀처럼 마음을 열지 않았지만 푸시킨은 포기하지 않았다. 그는 거듭 청혼을 했고 1831년, 두 사람은 마침내 결혼식을 올렸다. 그러나 결혼 생활은 순탄하지 않았다. 러시아 사교계의 꽃이었던 곤차로바는 결혼 후에도 인기가 시들지 않았고, 슬하에 네 명의 자녀를 두었지만 사치벽이 심했다. 프랑스 망명 귀족인 조르주 당테스가 곤차로바를 쫓아다니기도 했다. 푸시킨은 가정을 지키기 위해 당테스에게 결투를 신청했다. 하지만 당테스는 뜬금없이 곤차로바의 언니와 결혼을 했다. 그 후 푸시킨은 익명의 누군가로부터 '아내에게 배반당한 것을 축하한다'는 내용의 편지를 계속해서 받았다.

푸시킨은 자신에게 편지를 보낸 사람이 당테스라 생각하고 그에게 재차 결투를 신청했다. 결투 당일, 푸시킨은 일찌감치 길을 나서 단골 카페에 들렀다. 그는 아내가 달려와 소문에 대해 부인하며 위로해 주기를, 지금이라도 눈물을 흘리며 결투를 말려주기를 바랐지만 그녀는 끝내 나타나지 않았다. 어쩌면 푸시킨은 군인인 당테스와의 결투를 앞두고 이미 죽음을 예감했을지도 모른다. 어쩌면 쓰디쓴 '마지막 커피'를 마시며 자신이 쓴 시, 〈삶이 그대를 속일지라도〉를 몇 번이고 되뇌었을지도 모른다. 푸시킨은 쓸쓸히 카페를 나섰다. 그날 오후, 푸시킨은 거리에 잔뜩 쌓인 눈을 밟고 걸으며 무슨 생각을 했을까. 결국 푸시킨은 당테스가 쏜 총에 맞고 쓰러졌다.

"잘 있어, 친구들!"

푸시킨은 사경을 헤매면서도 자신이 누워 있는 방에 아내를 들이지 않으려 했지만 아내는 아이들과 함께 방 안으로 들어왔다. 그러나 푸시킨은 그녀에게는 아무 말도 하지 않고 친구들에게만 마지막 말을 남겼다. 친구들이란, 그의 서재에 있는 책들이었다. 이틀 뒤인 1837년 1월 29일, 푸시킨은 끝내 숨을 거두었다. 그가 세상을 떠나고 7년이 지난 1844년, 곤차로바는 재혼을 했다.

당시 이 결투는 푸시킨의 진보적인 사상을 미워했던 궁정 세력이 퍼뜨린 헛소문 때문에 벌어졌다는 이야기도 있다. 어쨌든 푸시킨의 장례식에는 그의 죽음을 애도하며 수만 명의 인파가 몰려들었다. 민중의 소요에 겁을 먹은 왕실은 푸시킨의 장례식을 비밀리에 치렀고, 한밤중에 관을 미하일롭스코예의 수도원 묘지에 안장했다. '200년에 한 번 나올까말까 한 작가'라며 푸시킨을 치켜세웠던 고골리는 "균형 잡힌 정신세계를 지닌 위대한 인간을 잃었다"며 애석해했다. 푸시킨이 다닌 학교가 있던 차르스코예셀로, 즉 '황제의 마을'은 이후에 '푸시킨 시'로 이름을 바꾸었다.

삶이 그대를 속일지라도

푸시킨의 묘지는 '푸시킨 언덕'에 있는 수도원 한쪽에 자리 잡고 있다. 그의 묘비에는 '푸시킨아, 살아서 우리에게 다시 돌아오라'라는 문구가 새겨 있다. 그의 죽음을 아쉬워하는 이들의 염원이 절절히 느껴진다. 아마 푸시킨이 직접 묘비명을 지었다면 자신의 시구를 넣지 않았을까?

삶이 그대를 속일지라도
슬퍼하거나 노하지 말라
슬픈 날들은 참고 견디라
즐거운의 날이 반드시 오리니

마음은 미래에 살기에

현재는 언제나 슬픈 법

모든 것은 한순간에 지나가니

지나간 것은 또다시 그리워지는 것을

— 〈삶이 그대를 속일지라도〉 알렉산드르 푸시킨 지음

이 시는 '삶이 그대를 속일지라도', '슬픈 날'이 다가올지라도 희망의 끈을 놓지 않고 '즐거운 날'을 기다리자고 말한다. 이 세상을 살다 보면 안타까운 운명에 처할 때가 많다. 거스를 수 없는 무언가가 나를 해코지하려 할 때는 정말 삶에 속은 것처럼 우울해진다.

하지만 푸시킨은 말한다. '현재는 슬픈 법'이지만 '모든 것은 한순간에 지나가'기 때문에 '지나간 것', 곧 지금 이 순간이 훗날에 '그리워'질 것이라고. 아무리 슬프고 힘든 일도 추억으로 남을 테니, 지금 너무 힘들어도 조금 더 멀리 내다보자고.

푸시킨은 비록 행복하다고 볼 수는 없는 드라마틱한 삶을 살았지만, 시와 소설을 통해 자신의 삶을 온몸으로 끌어안았다. 또한 자신의 모든 것을 걸고, 더 나은 삶을 위해 자기 자신과, 또 세상과 투쟁했다. 오늘날 그의 시를 사랑하는 사람들은 그만큼 자신의 삶을 더 애틋하게 돌아볼 수 있지 않을까. 그래서 더욱더 삶에 대한 의지를 공고히 다질 수 있지 않을까.

전심을 다해 오늘을 살고, 자신을 더 사랑해야겠다.

푸시킨아, 살아서 우리에게

다시 돌아오라

Soul

자유로운 사람은
영혼의 소리에
귀 기울인다

태어나지 않았고 죽지 않았다.
다만 지구라는 행성을 다녀갔을 뿐이다.

―오쇼 라즈니쉬

도시에서 살다 보면 하루에 한 번씩은 사람들과 부딪힌다. 출퇴근 시간은 말할 것도 없고 업무 시간에도, 회의 시간에도, 심지어는 정신없이 놀다가도 어느 순간 생각이 엉기고 마음이 섭섭할 때가 있다. 그럴 때면 슬며시 내 기분이 상한 만큼 상대방에게 갚아주고 싶어진다.

하지만 우리는 이미 알고 있다. 손해 본 기분을 갚아주려 똑같이 해코지하면 마음이 상쾌해지기는커녕 전보다 더 찜찜해진다는 것을. 참으로 이상한 일이다. 내가 당한만큼 갚아준다는 것은 어찌 보면 지극히 정상적인 행동인데 말이다.

옛 선현들은 이에 대해 전혀 다른 가르침을 준다. 성경에서는 누군가가 자신의 오른뺨을 때리면 왼뺨도 내밀라고 한다. 불경에서는 원수를 부모와 같이 섬기라고 한다. 또 한목소리로 적을 용서하고 사랑하라고 한다. 오늘날의 사고방식으로 그와 같이 했다가는 두 배, 세 배로 뒤통수를 맞을지도 모르는데 말이다. 가만히 생각해보면 이 말은 어떤 셈법에 관한 이야기가 아니다. 누가 정말 때릴 만했고, 누가 정말 맞을 만했는지 우리는 알 수 없다. 인간은 모든 전말을 꿰뚫어볼 수 있을 만큼 완전하지 않다. 신은 다만 그것이 곧 자기 자신을 사랑하고 용서하는 방법임을, 모든 성패는 마음먹기에 따라 달라지는 것임을 이야기해주고 싶었는지도 모르겠다.

어떤 사람은 발끈하는 내 모습을 보고 "자아ego가 강하다"고 말한다. 이런 말을 들으면 자아도 크게 반발한다. '나'는 무엇이고, '자아'는 또 무엇일까? '자아'란 내가 생각하는 나의 모습이다. 나르키소스가 수면 위에 비춰보았던 자신의 '아름다운 모습' 또한 자아라고 볼 수 있다. 이런 자아는 본연의 나와는 다른 그림자에 불과하다. '있는 그대로의 나'가 아닌 '내가 비춰보는 나'이기에, 자아는 사실 스스로 왜곡해서 인식할 소지가 크다. 그런 의미에서 자아는 허상이면서도, 인식하면 인식할수록 사나워지는 유령과도 같다. 그래서 누군가가 나를 건드리거나 내 이미지에 흠집을 내면 싸움소처럼 상대를 들이받고 나서야 직성이 풀린다.

하지만 이런 '자아'에 관한 생각을 잠시 내려놓으면 어떨까? '나'도 없고, '너'도 없는 세상, 그래서 더 편안한 세상을 떠올려보자. 더불어 이렇듯 신비로운 사상을 이야기하며 현대인의 영혼을 어루만진 이에게 귀 기울여보자. 그는 바로 인도의 명상가 오쇼 라즈니쉬다.

길은 내 안에 있다

오쇼는 1931년 12월에 인도의 쿠츠와다에서 직물 상인의 맏아들로 태어났다. 부양가족이 많았던 탓에 부모는 그를 외조부모에게 맡겼는데, 그들은 오쇼에게 이렇다 할 교육을 시키지 않고 자유롭게 키웠다.

누군가가 무언가를 가르치려고 하면 오쇼는 거꾸로 무언가를 비틀고 반박했다. 게다가 그는 이해할 수 없는 엉뚱한 소리를 해대며 기행

을 연발했다. 나중에 그를 데리러 온 부모는 외조부모에게 자식을 망쳐놓았다고 불평했지만, 이미 오쇼는 스스로 사고하고 판단할 수 있는 한 인간으로, 어찌 보면 스스로 자라났다.

오쇼는 도서관에 처박혀 세상의 모든 철학과 종교를 연구했다. 스스로 스물한 살의 나이에 깨달음을 얻었다고 말하는 그는 이후 사가르 대학교 대학원 과정을 수석으로 졸업하고, 자발푸르 대학교에서 9년간 철학교수로 재직했다.

하지만 교단은 오쇼에게 너무 좁고 따분했다. 9년은 오쇼가 세계의 철학과 종교를 깊이 분석하고 새로운 사상을 만들어내기에 충분한 시간이었다. 곧 오쇼는 학교를 벗어나서 인도 전역을 다니며 기존 종교 지도자들을 비판했다. 이는 당연히 힌두교도들의 반발을 샀고, 강연 도중 그들에게 암살당할 뻔하기도 했다. 하지만 오쇼는 아랑곳하지 않고 활동을 이어갔고, 곧 미국으로 건너가 영적 수련을 하는 새로운 공동체를 만들었다. 그때부터 오쇼는 현대인들의 정신을 깨우치고 온갖 욕망에서 벗어나도록 이끌면서 많은 존경을 받았다. 그의 강의록은 30여 개의 언어로 번역되었고, 600권이 넘는 책으로 출간되었다.

타락한 신

깨달음이 지속적인 자기반성과 양심에 의거한 실천으로 이어지지 못한다면 더 이상 사람들에게 반향을 불러일으키지 못하는 법이다. '깨달음만을 위한 깨달음'은 결국 또 다른 욕심이자 아집일 수 있다. 오쇼는 말년에 엄청난 부와 명예, 그리고 여자에 빠져 여러 스캔들을 낳았고, 미국에서 추방되어 세계 각지를 떠돌다 겨우 인도로 돌아갔다.

> 삶이란 그저 사는 것이다. 풀어야 할 숙제나 문제가 아니다. 삶은 노래를 불러야 할 시요, 춤이요, 신명나게 놀아볼 만한 한마당이다. 방에 틀어박혀 삶에 대해 생각하고 걱정하지 말라. 삶이란 계속적으로 흐르는 흐름이다. 삶 속에 뛰어들라. 삶의 방관자가 되지 말라.
>
> — 《소중한 비밀》 오쇼 라즈니쉬 지음 | 손민규·백운 옮김 | 태일출판사 | 2012

오쇼는 1990년 1월 19일, 이 '지구라는 행성'을 떠났다. 그의 묘비명을 보면 그가 생전에 인생을 무엇이라 생각했고, 또 삶과 죽음을 어떻게 인식했는지 알 수 있다. 오쇼에 따르면 인간은 과거의 어떤 종교가 설파한 대로 무슨 섭리에 의해 이 세상에 나온 것도, 등진 것도 아니다. 그저 여행자처럼 육체를 빌려 이 우주에서 잠시 노닐 뿐이다.

어쩌면 지구는 기차역, 아니 그보다 더 짧은 버스정류장에 불과할지도 모른다. 이렇게 생각하면 이 세상이 아주 조그맣게 느껴지고, 머릿속을 가득 채웠던 고민과 욕심이 부질없게 느껴진다. 나에게서도, 삶으로부터도 거리를 두다 보면 어느 순간 더없이 자유로워진다.

오늘 하루만큼은 자아를 접고, 져주고 손해 보면 어떨까? 그래서 자신이 얼마나 가벼워지는지를 깨닫게 된다면 그 다음은 좀 더 쉬우리라. 자아를 종이라고 생각해보자. 한 번 접으면 마음의 짐이 반으로 줄고, 두 번 접으면 누구와도 딱지를 칠 수 있고, 세 번, 네 번 접으면 같은 하늘에서 종이비행기처럼 날 수 있지 않지 않을까?

언젠가 횡단보도를 건너다가 한 청년의 발을 밟은 적이 있다. 미안한 표정으로 그 청년을 바라보니, 그는 더욱더 미안한 표정을 지으며 이렇게 말했다.

"아이쿠, 죄송합니다. 제가 그만 당신의 발밑에 발을 집어넣었군요!"

그 말이 재미있고 또 고마워서 종일 기분이 들떴던 기억이 난다. 자아를 내려놓고 접는 것이 지는 게 아니라 더불어 이기는 것이라는 걸 깨달은 하루였다.

Freedom

자유는
주어지는 게 아니라,
스스로 택하는 것이다

나는 아무것도 바라지 않는다.
나는 아무것도 두려워하지 않는다.
나는 자유다.

―니코스 카잔차키스

자유란 무엇일까? 학창 시절에 자유를 노래한 시를 읽다 보면 문득 이 추상적인 것의 실체가 무엇이기에 이토록 많은 사람이 그렇게 갈망했을까 싶었다.

김수영 시인은 〈푸른 하늘을〉이라는 시에서 '푸른 하늘을 제압하는/ 노고지리가 자유로웠다고/ 부러워하던/ 어느 시인의 말은 수정되어야 한다'고 했다. 그러면서 이렇게 덧붙였다. '자유를 위해서/ 비상해 본 일이 있는/ 사람이면 알지/ 노고지리가/ 무엇을 보고/ 노래하는가를/ 어째서 자유에는/ 피의 냄새가 섞여 있는가를'이라고. —〈푸른 하늘을〉

김수영 지음 | 《거대한 뿌리》 수록 | 민음사 | 1974

자유에는 왜 필연적으로 수많은 사람의 피와 희생이 따를 수밖에 없었을까? 니코스 카찬차키스는 아름다운 만큼 더없이 느긋하고 자유로울 것 같은 그리스의 크레타 섬에서 태어났지만, 자유롭게 살지 못했다. 그가 태어났을 때 크레타는 오스만 제국의 지배를 받고 있었기 때문이다. 그의 할아버지와 아버지는 오스만 제국에 맞서 독립운동을 했고, 그 역시 여러 전투에 참여했다.

그는 1902년에 아테네로 건너가 법학을 공부했고, 이후 평생에 걸쳐 그리스를 비롯한 유럽과 북아메리카, 아르메니아, 크루지아 등지를 여행했다. 그러면서 앙리 베르그송과 붓다의 사상에 탐닉했고, '신은 죽었다'고 선언한 니체에게 영향을 받았다.

하지만 카찬차키스에게 엄청난 영향을 미친 사람은 따로 있었다. 그는 바로 신도, 니체도, 붓다도 아닌, 1917년에 자신이 벌인 갈탄 광

산사업을 돕기 위해 동행해준 알렉시스 조르바였다. 조르바는 카잔차키스의 대표작인 《그리스인 조르바》의 모델이기도 하다.

차라투스트라, 붓다, 그리고 조르바

이야기는 젊은 지식인인 '나'가 60대 노인이자, '자유로운 영혼'인 조르바를 만나면서 시작된다. '책벌레'라는 소리를 듣기 싫어하는 샌님인 '나'는 새로운 삶을 살아보기 위해 크레타 섬의 한 폐광을 빌린다. 조르바는 그런 '나'에게 동반자가 되어주지만 일은 생각대로 잘 풀리지 않고, 조르바는 사고를 연발한다. 그리스인 조르바는 어디로 튈지 모르는 인물이었으며 오입쟁이에다가 자신의 기분에 따라 기행을 일삼는 사고뭉치였다.

> 마음 한번 먹었으면 밀고 나가라, 후회도 주저도 말고.
> 고삐는 젊은에게 주어라, 다시 오지 않을 젊음에게.
> ─ 《그리스인 조르바》 니코스 카잔차키스 지음 | 이윤기 옮김 | 열린책들 | 2016

조르바는 해변에서 거침없이 춤을 추며 바다와 뒤엉기는 모습을 보여준다. '나'는 그런 조르바의 모습이 밉기보다는 점점 경이롭게 보인다. 조르바는 어떤 상황에서도, 그 무엇에도 얽매이지 않고 자기 삶의 주인으로 사는 사람이었다. '나'는 문득 하청 노동자에 불과한 조르바보다

광산 사업의 성패에 전전긍긍하는 자신이 더 불쌍한 처지에 있다는 것을 깨닫는다.

큰돈을 들여 설비한 케이블카 공사가 실패하면서 '나'는 결국 광산 사업을 접는다. 그러나 신기하게도 '나'는 오히려 편안함을 느낀다. 이제부터는 조르바처럼 마음 내키는 대로, 거침없이 살 수 있게 된 것이다.

카잔차키스는 1919년에는 코카서스 지역을 다니며 그 지역의 그리스 난민들을 본국으로 돌려보내는 일을 했다. 1928년에는 시베리아 대륙을 횡단해 블라디보스토크까지 갔고, 막심 고리키와도 조우했다. 카잔차키스는 이때를 전후로 모든 것으로부터 해방을 선언했다. 그리고 진정한 자유는 오로지 자기 자신, 그리고 예술을 통해서만 가능하다는 것을 깨닫고 집필을 위한 칩거에 들어갔다.

이러한 그의 신념은 1947년에 발표한 《그리스인 조르바》와 1955년에 발표한 《다시 십자가에 못 박히는 그리스도》 등에서 잘 드러난다. 카잔차키스는 세계적인 명성을 얻었지만 《최후의 유혹》 등의 작품이 신성을 모독했다는 이유로 교회로부터 비난받기도 했다.

진정한 자유에의 도정

왜 자유에 관한 글을 쓰면 국가가, 사회가, 교회가 가만두지 않을까? 이는 역설적으로 지난 시기, 근대 전후로 인간의 자유를 억압했던 주체가 누구인지를 보여준다. 그래서 김수영 시인은 자유에서 '피의 냄새'를 맡고, '혁명의 고독'에 대해 이야기한 것이 아닐까? 김수영 시인이 민중의 자유를 넘어 한 개인의 자유정신을 일깨우기 위해 시를 썼던 것처럼, 카잔차키스 또한 터키로부터의 독립을 넘어 이념과 종교를 초월한 대자유의 길을 찾기 위해 글을 썼다.

카잔차키스는 1955년에 중국에 다녀온 뒤 백혈병으로 사망했다. 어쩌면 카잔차키스에게 죽음은 두려운 대상이 아닌, 자유의 또 다른 모습이지 않았을까? 득도니 열반이니, 이런 말은 잘 모르지만 이미 자기 안에서 자유를 찾은 사람에게 삶과 죽음은 더 이상 큰 문제가 되지 않을 것이다.

오늘날 카잔차키스의 묏자리에는 얇은 쇠막대를 교차해 만든 십자가와 소박한 묘비가 있다. 비록 죽어서도 그리스 정교도들이 묻히는 일반 공동묘지에는 들지 못했지만, 그의 공로를 인정한 정부 덕분에 낡은 성벽의 언덕 한쪽에 홀로 잠들 수 있었다.

아이러니하게도 카잔차키스의 묘지에서는 조그만 그리스 정교회 예배당과 성모마리아상이 내려다보인다. 하지만 카잔차키스의 묘에서는 그런 것들이 눈에 잘 들어오지 않는다. 오로지 끝없이 펼쳐진 짙푸른 하늘과 그보다 더 푸른 바다만이 눈길을 잡아끈다. 카잔차키스는 이미 묘지에서 벗어나 저 대자연 속 어디에선가 노닐고 있을지도 모르겠다. 생전에 직접 쓴 묘비명처럼 그는 이미 자유이므로.

Childlike

하루만이라도
어린이의
마음으로

동심여선童心如仙
(어린이의 마음은 신선과 같다.)

―방정환

다시 어린 시절로 돌아가고 싶을 때가 있다. 아무 생각 없이 코 흘리며 하루 종일 뛰놀던 그때, 나는 상상의 세계뿐 아니라 일상에서도 왕자였고, 슈퍼맨이었다. 어른이 되면 더 멋진 왕이, 슈퍼 울트라맨이 되어 지구를 구하겠다는 꿈도 꾸었다.

하지만 어른이 되어가면서 우리는 으레 그런 꿈을 잊어버린다. 아등바등 살면서 밥벌이를 하다 보면, 당장 내일 무엇을 해야 하는지도 가늠하기 힘들다. 하루를 살아내기 버거우니 어린 시절을 떠올리는 것조차 사치로 여겨질 때도 있다.

나는 한참 회사 생활을 할 때 여름휴가 때면 제주도로 내려가 올레길을 걸었다. 제주도의 자연 속에서 올레길을 걷다 보면, 소꿉친구들과 탐험을 한답시고 옆 동네 골목을 기웃거리던 기억들이 새록새록 떠오른다. 한 번은 올레 5코스를 지나다가 바닷가에서 아이들이 맨발로 뛰어노는 모습을 보았다. 그들의 모습을 넋 놓고 바라보다가 카메라를 꺼내들었다. 조심스레 셔터를 누르려는데, 아이들이 나를 발견하고 달려와 손가락으로 브이V 자를 그리며 환하게 웃었다. 아이들은 오히려 외지 사람인 내가 신기했는지 두 손으로 카메라 모양을 만들어 나를 찍기 시작했다. 나 또한 우스꽝스러운 몸짓을 하며 아이들과 어울렸다. 문득 어린아이가 된 기분이 들었다. 그래서일까. 아이들과 헤어져 돌아오는 길에 하마터면 울음을 터뜨릴 뻔했다. 내가 어른이라는 사실이 몹시 서글펐다.

인간은 누구나 어린 시절을 보냈고, 또 내면에 어린아이를 품고 산다. 그럼에도 많은 어른이 아이들의 생각을 이해하려 하지 않고, 마냥 훈계만 한다. 하물며 근대 이전에는 오죽했을까? 그때는 아이들이 그저 '아들놈', '딸년', '애새끼' 등으로 불렸다. 유교 문화의 영향도 커서 어리면 어릴수록 더 홀대받았다. 어린아이는 한 인격체로 존중받지 못했다. 그저 '진정한 인간'인 어른이 되기 전의 미성숙한 존재에 불과했다. 이런 어린아이를 존대하고 높여 부르는 일은 신분제도를 거스르듯 파격적인 행위였다. 그럼에도 아이들을 '어린이'라고 부르며 어린이날까지 만든 남자가 있었다. 그는 바로 소파 방정환 선생이다.

조국과 어린이를 사랑했던 남자

방정환은 1899년 11월에 서울에서 태어났다. 어물전과 미곡상을 운영한 할아버지 덕에 그의 집안은 넉넉한 편이었다. 방정환은 열 살 때 한 미술가에게 환등기를 선물 받은 뒤부터 영화와 활동사진, 그리고 이야기에 관심을 갖게 되었다. 이후 어린이 토론 연설 모임인 '소년입지회'에서 동화구연도 했다. 하지만 아버지의 사업이 거듭 실패하면서 여러 활동을 그만두었다. 방정환은 장남으로서 집안을 일으키고자 선린상고에 들어갔지만 곧 중퇴하고 독학을 했다.

1917년, 방정환은 천도교 3대 교주인 손병희의 딸과 결혼하면서 다소 안정된 생활을 되찾았다. 이때부터 방정환은 본격적으로 꿈을 펼

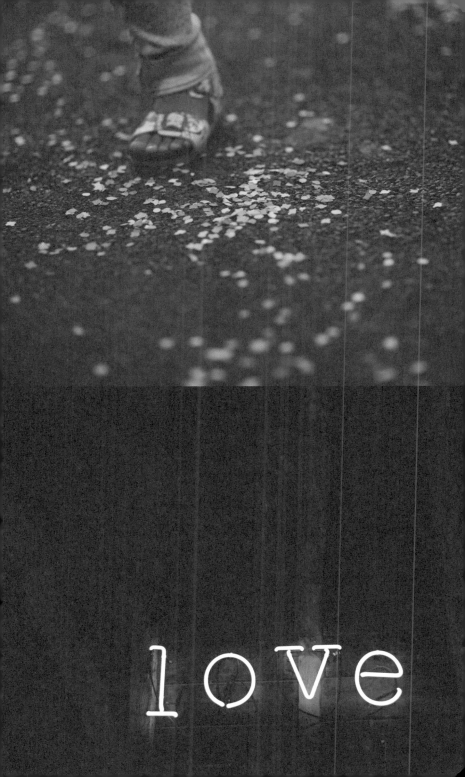

쳤다. 그러면서도 민족운동을 소홀히 하지 않았다. 그는 조국의 독립에 뜻을 둔 청소년들과 함께 경성청년구락부를 조직했고, 1919년에 《신청년》이라는 잡지를 창간해 글을 발표하기 시작했다. 이후 연극과 순회강연을 통해 민족계몽운동에 앞장섰지만, 3·1 운동이 일어나면서 일본 경찰의 제재를 받고 구치소에 수감되는 일이 잦았다. 어떻게 하면 일제의 직접적인 칼날을 피하면서도, 조국의 미래를 근본적으로 변화시킬 수 있을까. 방정환은 깊이 고뇌했고, 마침내 스스로 해답을 찾아냈다.

> 짓밟히고 학대받고 쓸쓸하게 자라는 어린 혼을 구원하자.
>
> — 《어린이》 1924년 12월호

1923년, 방정환은 국내 최초의 아동잡지인 《어린이》를 창간했고, 어린이 운동단체인 '색동회'를 창립했다. 같은 해 5월 1일에는 이 날을 '어린이날'로 지정하고 서울 시내 소년단체들과 함께 행사를 크게 열었다. 《어린이》는 발간되자마자 폭발적인 인기를 끌었다. 1925년 당시 서울시 인구가 30만 명이었는데, 그해 《어린이》의 판매량은 10만 부에 달할 정도였다. 방정환은 '깔깔박사', '북극성', '몽중인' 등 39개에 달하는 필명을 쓰면서 어린이 독자들의 호기심을 자극했다. 또한 수시로 동화회를 열어 동화구연을 했는데, 매번 그를 보기 위해 1,000명 이상의 청중이 몰려들었다.

인생의 마지막 한 줄

금년 봄 보통학교 학생들에게 산드룡(신데렐라) 이야기를 해주는데 많
은 학생들이 손으로 얼굴을 받들고 큰 소리로 울기 시작했다. 울려놓
았지만 울지 말라고 할 재주는 없어 한동안 먹먹히 서있었다.

— 《별건곤》 1930년 10월호

《어린이》가 엄청난 인기를 끈 것은 증정품도 한몫했다. 별책 부록으
로 조선 팔도 윷놀이 판, 금강산 게임 말판, 세계 일주 말판 등 민족의
식을 고취시키면서도 어린이들이 푹 빠질 만한 것들을 증정했다.

　방정환은《어린이》를 통해 소년 문제를 연구하는 것처럼 보이게 하
면서 어른들을 대상으로 한 문화운동 또한 우회적으로 이어가고자
했다. 일제는《어린이》를 그저 유치한 잡지로만 여기다가 뒤늦게 그의
의도를 눈치채고 압수 명령을 내렸다. 하지만 방정환은 거듭되는 삭
제 및 회수의 압력 속에서도《어린이》의 명맥을 이어가며 희망의 끈을
놓지 않았다. 그럴수록 일제의 압박은 거세졌다. 점점 더 가중되는 스
트레스와 지병은 방정환을 끊임없이 괴롭혔다. 결국 그는 1931년 7월,
서른세 살이라는 젊은 나이로 숨을 거두었다.

타산 없이 어울려 즐겁게 놀자

　마지막까지도 어린이를 위한 동화구연과 집필을 멈추지 않았던 방

정환은 눈을 감으면서 "어린이를 두고 가니 잘 부탁하오"라는 유언을 남겼다. 어린이날은 해방 이후에 5월 5일로 공식 제정되면서 부활했고, 1983년 5월 5일에는 망우리 묘소에 '소파 방정환 선생의 비'가 건립되었다. '동심여선童心如仙', 즉 '어린이의 마음은 신선과 같다'라는 뜻의 묘비명에는 그가 사랑했던 어린이에 대한 애틋함이 서린 동시에, 궁극적으로는 민족 모두가 어린이와 같은 마음을 가지길 바랐던 그의 염원이 담겨 있다.

오늘날 우리 사회가 점점 각박해지는 까닭은 불황으로 인한 경제적 어려움 등의 문제도 있지만, 우리 모두의 어린 시절이 방정환이 바랐던 모습과는 거리가 멀기 때문일지도 모른다. 더군다나 요즘 어린이들은 마음껏 뛰어놀기보다는 일찍부터 여러 학원을 전전하며 스펙 쌓기에 바쁘다. 많은 부모가 자신의 자녀는 신선보다는 엘리트가 되기를 바란다. 이런 분위기는 안타깝게도 부모세대에 이어 다음세대까지 고스란히 대물림되고 있다.

그럼에도 어린이처럼 장난감을 가지고 노는 것을 좋아하는 어른들, 즉 '키덜트kid+adult'가 늘고 있다. 그들은 자신의 순수한 욕구를 숨기지 않고 기호에 따라 다양한 장난감을 수집한다. 사실 '장난감'은 말 그대로 놀이를 위해 존재하는 물건이 아닌가. 그렇다면 이런 장난감을 꼭 아이들만 가지고 놀아야 한다는 법은 없다.

한 번쯤 어린 시절로 돌아가 보자. 다른 사람의 눈치를 보며 너무 어른스럽게만 살지 말자. 스스럼없이 웃고, 거리낌 없이 다가서자. 울고 싶을 때는 울고, 놀고 싶을 때는 놀자. 화내고 싶으면 화내고, 떠나고 싶으면 떠나자. 그러고 나면 어느 순간, 그동안 쌓인 가슴속 응어리가 조금씩 녹아내릴지도 모른다. 자기 내면에 꼭꼭 숨은 어린아이가 비로소 환하게 웃으며 말을 걸어올지도 모른다.

Smile

웃고, 웃고, 웃자

괜히 왔다 간다.

—중광 스님

　　　　　언젠가 약속 시간에 늦어 서울 성곽의 비탈길을 급히 내달린 적이 있다. 그때 어디선가 달팽이 한 마리가 나타나 내게 하얀 카드 한 장을 내밀었다. 정확히 말하면, 달팽이가 그려진 하얀 표지판이었다. 상단에는 '천천히'라고 쓰여 있었다.

　'옐로카드, 레드카드도 아닌 화이트카드라니! 도대체 무슨 말을 하고 싶은 거지?'

　나는 달팽이를 올려다보았다. 달팽이가 씨익 웃으며 이렇게 대답했다.

　"처음부터 우리는 하얀색으로 이 땅에 온 거야. 그러니 너무 많은 색을 채우려고 하지 않아도 돼. 급하게 서두르지 않아도 네 안에는 아직 많은 색이 있으니 조금 천천히 가도 좋겠지?"

　나도 모르게 빙긋, 웃음이 났다. 너무 서두르지 말라고? 생각해보니 언제부턴가 정신없이 달리기만 했다. 학창 시절에는 영어 단어를 하나라도 더 외우려고 달렸고, 대학에서는 취업 때문에, 입사 후에는 실적 때문에 더 빨리빨리 가속도를 낼 생각만 했다. 정작 무엇을 얻었는지 찬찬히 돌아보니 백지밖에 보이지 않았다.

　달팽이는 일상의 경기장에서 나를 불러내 숨을 고르게 했다. 나는 친구에게 5분만 늦겠다고 문자를 보냈다. 곧바로 답이 왔다. 자기는 10분 늦을 것 같으니 괜찮다고. 혼자 히죽히죽 웃으며 성곽을 따라 천천히 걸어 내려갔다.

　느릿느릿 걷다 보니 이전에는 보지 못했던 벽화며 조형물들이 눈에 들어왔다. 길을 따라 피어난 풀꽃들도 새삼스러웠다. 성곽의 네모난

총안 너머로 보이는 집들도 다르게 느껴졌다. 그 알록달록한 지붕 밑에서 살아가는 사람들과 나누었던 정겨운 삶이 떠올랐다.

결국 나는 친구보다 5분 늦게 도착했다. 그 15분 동안 참 오랜만에 바쁜 내 삶을 곱씹어보았다. 집으로 돌아오는 길은 더 천천히 걸었다. 지붕들이 이룬 지평선 너머로 해가 지고 있었다. 어스름 속에서 하나둘 가로등이 켜졌고, 저녁 밥 짓는 냄새도 솔솔 피어올랐다. 불현듯 가슴이 벅차올라 성곽 지붕에서 덩실덩실 춤이라도 추고 싶었다.

문득 자신을 미치광이로 지칭하며 인생을 꿈인 듯, 놀이인 듯 즐기며 살았던 한 사람이 떠올랐다. 자신의 묘비명을 '괜히 왔다 간다'라고 지은 중광 스님. 괜히 왔다 가다니? 처음 그의 묘비명을 접했을 때는 인생에 대한 허무함이 느껴졌는데, 가만히 곱씹어보니 슬그머니 웃음이 났다.

나는 걸레

중광 스님은 1934년에 제주도에서 태어났다. 너무 가난해서 공부도 제대로 하지 못했던 그는 중학교를 중퇴하고 제주 곳곳을 돌아다니며 자연으로부터 세상을 배웠다. 어릴 때부터 그 어떤 제약도 따르기를 거부했던 그는 결국 1960년에 경남 통도사로 출가했다. 그의 눈에는 속세를 떠나 사는 승려의 삶이 매우 자유로워보였다. 하지만 불교

사회 역시 일정한 계율이 있고 질서가 있는 법. 중광 스님은 아름답고 전위적인 선화禪畵를 그리면서도 온갖 기행을 일삼았고, 결국 1979년에 승적을 박탈당했다.

하지만 중광 스님은 아랑곳하지 않고 계속 떠돌며 그림을 그렸다. 때로는 살아있는 자신의 제사를 지내기도 했고, 몸에 검은 칠을 한 채 드러눕기도 했다. 워낙 튀는 행동을 많이 한 탓에 국내 미술계에서는 이단아 취급을 받았고, 종교계에서도 그 이름을 입에 담지 않았다.

그러나 중광 스님이야말로 제도권의 모든 종교와 예술을 거부한 사람이다. 그가 보기에 미술계 사람들은 인맥과 학벌을 따지다가 예술의 순수성을 종종 잃어버렸고, 불교계 사람들은 자신을 비우기보다는 계율 자체에 매달려 본질을 놓칠 때가 많았다. 그런 생각이 더해질수록 중광 스님은 더 파격적인 행보를 이어갔다.

이런 스님을 해외에서는 더 높이 평가했다. 미국 대학교의 한 교수는 중광 스님을 '한국의 피카소'라 평했다. 그를 강연에 초청하는 곳도 많았다. 그는 1977년에 영국 왕립 아시아학회에서 〈나는 걸레〉라는 자작시를 낭송하기도 했다. 그 덕분에 '걸레 스님'이라는 별명도 얻었다.

과도한 술과 담배로 몸이 상한 그는 1998년에 설악산의 백담사에 들어가 달마를 그리는 데 열중했다. 2000년에는 서울에서 자신의 마지막 전시회인 〈중광 달마전: 괜히 왔다 간다〉를 열었다. 그리고 2년 뒤인 2002년 3월, 예순아홉의 나이에 세상을 떠났다.

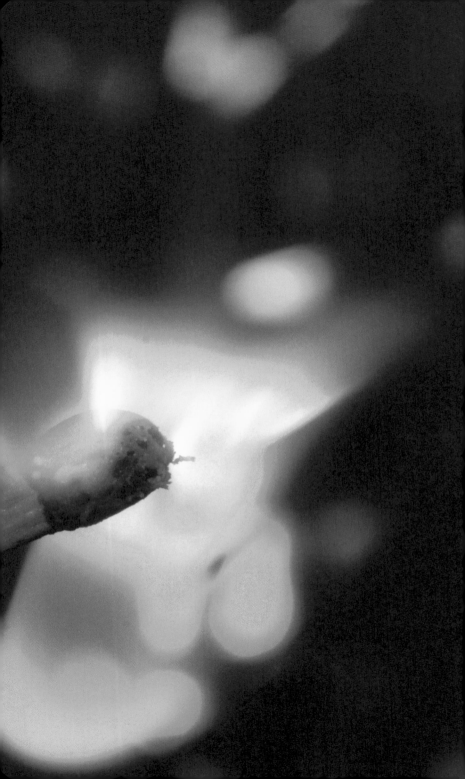

괜히 왔지만 괜히 가지는 않은

중광 스님은 평소에 종종 유언처럼 이런 말을 했다고 한다.

"내가 죽으면 장례식은 치르지 마. 가마니에 말아서 새랑 짐승에게 던져줘."

어떻게 보면 그에게 이 삶은 단순한 놀이에 지나지 않았다. 그렇기에 더 가벼웠고, 그렇기에 더 우스웠던 생애. 중광 스님은 그 '참을 수 없는 존재의 가벼움'을 더 많은 사람에게 알리고 싶었는지도 모른다. 다만 그것이 중생을 구제하려는 스님다운 행위라기보다는 구제도 구원도 아닌, 그저 인생의 참 재미를 만끽하려 했던 그만의 놀이라고 해야 맞을 것이다. 그래서 중광 스님을 아는 사람들은 그의 묘비명에서 허무보다는 위트를 느끼고, 눈물짓기보다는 미소를 짓는다.

가만히 생각해보면 중광 스님처럼 묘비명에 웃음을 담은 사람이 많지 않다. 영국의 코미디언 작가인 스파이크 밀리건은 '내가 아프다고 했잖아!'라는 묘비명으로, 일본의 선승인 모리야 센얀은 '내가 죽으면 술통 밑에 묻어 줘. 운이 좋으면 바닥이 샐지도 몰라'라는 묘비명으로 가벼운 웃음을 선사해주었다.

또한 평생 아프리카 사람들을 치료했던 프랑스의 알버트 슈바이처 박사는 이런 묘비명을 남겼다.

만약 식인종이 나를 잡으면 그들이 이렇게 말했으면 해.

우리는 슈바이처 박사를 먹었는데 그는 끝까지 맛이 좋았어.

그리고 그의 끝도 나쁘지는 않았어.

슈바이처 박사의 생애와 정신이 잘 담겨 있으면서도 읽는 이로 하여금 의미심장한 웃음을 짓게 한다.

그렇다면 한국에서는 어떤 묘비명을 꼽을 수 있을까? 아쉽게도 유교문화의 영향 때문인지 조상들 중에서는 웃음을 주는 묘비명을 찾지 못했다. 다만 현재 활동하는 코미디언 중에 김미화 씨가 미리 지어 놓은 묘비명이 있으니, 바로 '웃기고 자빠졌네'다. 많은 이에게 마지막까지, 그리고 마지막 이후에도 웃음을 주고자하는 그녀의 열정이 고스란히 드러난 명문이라 할 수 있다.

또한 방송인 노홍철 씨는 한 예능 프로그램에서 임종 체험을 하며 자신의 묘비명을 '좋아, 가는 거야, 뿅'이라고 밝혀 웃음 짓게 했다. 그리고 그는 자신의 묘비명은 '후회 없이, 미련 없이 한 방에 뿅'이라는 의미라고 덧붙여 설명했다.

나도 나의 묘비명에 대해 종종 생각해본다. 내 시집 《내 속에 숨어사는 것들》에 〈묏자리〉라는 시가 있다. 큰아버지가 퇴직금으로 산 주식을 날리고 수년 만에 할아버지 제사에 나타난 설에 어르신들이 선산에 모여 삶의 지난함을 토로하는 대신, 자신이 누울 자리를 서로 가늠해보는 풍경을 담은 시다. 거기에 이런 구절이 있다.

자본의 내무반도 아닌

이념의 내무반도 아닌

여기선 먼저 누우면 눕는 대로

별이 되는 게 아니냐

    잔잔한 웃음까지는 아니지만, 일종의 페이소스를 담고자 했다. 그러나 미리 생각해둔 묘비명이 사후에 어떤 울림을 줄지는 남은 삶을 얼마나 진솔하게 살아가느냐에 달려 있다. 지금 자신의 묘비명을 한번 써보자. 그리고 때때로 그 묘비명을 곱씹어보자. 너무 고심할 필요도, 너무 주저할 필요도 없다. 이미 우리는 삶으로 묘비명을 써내려가고 있으니까.

Simple

버릴수록
채워진다

나는 모든 것을 갖고자 했지만
결국 아무것도 갖지 못했다.

—기 드 모파상

백화점에 가면 참 많은 생각이 든다. 회전문을 열고 들어서면, 화려한 세상이 펼쳐진다. 옷이든 물건이든 특정 브랜드 로고만 박히면 어찌나 값이 비싸지는지, 차마 살 엄두가 나지 않는다. 그럼에도 종종 선물을 사기 위해 백화점에 들른다. 사실 예전에는 지인들에게 책을 선물했다. 하지만 대부분 학창 시절의 기억 때문에 독서가 숙제라고 여겨졌는지, 아니면 정가가 만 원 내외라서 성의가 없다고 생각했는지 표정이 그다지 좋지 않았다. 어찌됐든 백화점에서 산 물건을 건네고부터는 받는 이들의 표정이 밝아지니 내 기분도 나쁘지 않았다. 그러나 어떨 때는 인간 본연의 모습보다 그가 걸친 브랜드가 사람 됨됨이까지 좌우하는 것 같아 찜찜한 기분이 드는 것이 사실이다.

기 드 모파상의 단편소설 《목걸이》에는 귀족 생활을 동경하는 여인이 나온다. 가난한 하급 공무원의 아내인 마틸다는 사치스럽고 우아한 귀족들의 모습을 선망한다. 자신도 그런 삶을 살고 싶지만, 빠듯한 살림 때문에 엄두도 내지 못한다. 그러던 어느 날, 장관 부부가 주최하는 무도회 초대장을 받자 마음이 바빠진다. 남편이 내놓은 비상금으로 옷을 장만한 마틸다는 옷에 어울리는 장신구가 없어 친구에게 다이아몬드 목걸이를 빌린다. 그런데 그만 무도회장에서 목걸이를 잃어버리고 만다. 전전긍긍하던 마틸다는 친구에게 차마 잃어버렸다는 말은 하지 못하고, 똑같은 목걸이를 사기 위해 집을 파는 것도 못자라 큰 빚을 진다.

부부는 그렇게 진 빚을 갚기 위해 온갖 궂은일을 하며 10년을 버틴다. 마틸다의 크고 반짝이던 눈동자는 흐릿해졌고, 얼굴에는 주름살이 잔뜩 늘었다. 그러던 어느 일요일, 샹젤리제 거리를 걷던 마틸다는 여전히 젊고 아름다운 옛 친구를 만난다. 그 친구는 볼품없는 아줌마가 된 마틸다의 모습을 보고 깜짝 놀라며 자신이 빌려준 목걸이는 싸구려 모조품이었음을 밝힌다.

모파상의 목걸이

모파상은 1850년 8월에 프랑스 노르망디에서 태어났다. 어머니 밑에서 문학적 감수성을 키운 모파상은 한때 법을 공부했으며, 1870년에 프로이센과 전쟁이 일어나자 군에 자원입대했다. 전쟁의 실상에 충격을 받은 모파상은 본격적으로 문학에 뜻을 두었다. 그는 어머니의 친구인 플로베르에게 문학 수업을 받았고, 이후 1880년에 단편소설 《비곗 덩어리》를 시작으로 이듬해에 《메종 텔리에》, 그 이듬해에 《피피양》 등의 단편집을 내면서 문단의 주목을 받았다. 그리고 마침내 1883년에 장편소설 《여자의 일생》을 발표하면서 크게 명성을 떨쳤다.

《여자의 일생》은 모파상이 장장 6년에 걸쳐 집필한 자연주의 소설이다. 열두 살 때부터 수녀원 기숙사에서 생활한 잔은 꿈 많은 갈색 머리 소녀다. 사랑과 자유를 동경하던 그녀는 잘생긴 청년 줄리앙과 결혼한다. 하지만 진실하던 남편은 곧 변했고 돈 문제로 잔을 옥죄었으며, 하녀 로잘리와 바람까지 피운다.

그렇게 오랜 세월을 견뎌온 잔은 죽을 결심을 하지만 섣불리 시도하지 못한다. 바람둥이 남편은 결국 백작 부인과의 간통이 들통나 살해당하고, 부모와 작은어머니도 잇달아 죽는다. 유일한 희망인 외아들 폴은 큰 빚을 지어, 잔은 결국 집까지 넘겨준다. 그 뿐만이 아니다. 폴은 어느 날 갑자기 자신의 어린 딸을 데리고 나타나 잔에게 맡겨버린다. 지칠 대로 지친 잔은 문득 자신의 손녀딸을 내려다본다. 아이가 해맑은 얼굴로 씽긋 웃자, 그래도 사랑이 샘솟아 잔은 아이를 꼭 끌어안고 뽀뽀한다. 여자의 일생이란 이런 것일까. 그런 잔을 말리며 하녀인 로잘리는 이렇게 말한다.

"인생이란 사람들이 생각하는 것만큼 그렇게 좋은 것도 나쁜 것도 아니랍니다."

소설은 이렇게 끝이 난다. 《여자의 일생》에는 깊은 신앙심을 지닌 한 여인이 여자로서 겪을 수 있는 모든 시련, 곧 유산과 가난, 남편의 부정과 자녀의 몰락 등을 겪으며 숨을 거두기까지의 굴곡진 일대기가 오롯이 담겨 있다. 여자보다 더 여자의 일생을 세밀하게 다루었던 모파상은 어린 시절 부모의 별거와 이혼으로 어머니 손에 자라면서 이미 《여자의 일생》을 구상했을지도 모른다.

그러나 모파상은 아이러니하게도 젊었을 때부터 여성 편력이 심했다. 그 때문에 매독에 걸려 눈이 침침해지거나 정신착란 증세를 보이기도 했다. 그러면서도 그는 10여 년간 여러 편의 장편소설과 300여 편의 단편소설, 그리고 시집과 희곡 등을 쉬지 않고 써냈다.

모파상은 1891년에 전신 마비 증세를 보이더니, 1892년에는 니스에서 자살을 기도하여 파리 교외의 정신병원에 수용되었다. 그리고 1893년, 마흔넷의 나이에 눈을 감았다.

'나는 모든 것을 갖고자 했지만 결국 아무것도 갖지 못했다'는 모파상의 묘비명은 그의 삶을 상징적으로 보여준다. 모파상은 피로와 정신착란 속에서도 끊임없이 글을 썼고, 끊임없이 여자를 만났고, 끊임없이 다음 소설을 구상했다. 하지만 끝없는 갈망과 욕심은 거꾸로 모파상 자신의 발목을 붙들었고, 결국 비참하게 생을 마감하게 만들었다. 이런 그의 삶은 잔보다는 마틸다를 닮아 있다. 마틸다가 가짜 목걸이 때문에 가장 아름다운 시절을 저당 잡힌 채 흘려보낸 것처럼 모파상 또한 여자 때문에 자신의 파릇파릇한 젊음을 고통스럽게 보내야 했다.

마틸다는 표면적인 아름다움은 잃었지만, 모든 것으로부터 자유로워지지 않았을까? 그녀에게는 더 이상 옷도, 보석도, 집도, 명예도 필요 없었을 것이다. 그 어떤 것에도 얽매이지 않고 진정 자기 자신으로 살게 되어 마음이 더 편안해졌으리라. 물론 충격을 딛고 일어나 지나간 세월에 집착하지 않는다면 말이다.

모파상도 마찬가지였다. 비록 그는 아무것도 가지지 못했다고 했지만, 역사에 오래 기억될 작품들을 남기지 않았는가. 이미 다이아몬드를 손에 쥐고 있으면서 진품을 또 찾으려 했다면, 그는 틀림없이 허송세월한 마틸다가 맞다. 그러나 모파상의 단편소설 《목걸이》 덕분에 독자들은 진짜 다이아몬드를 보는 눈을 갖게 되지 않았을까. 그렇다면 묘비명은 이렇게 수정되어도 좋겠다.

'나는 모든 것을 갖고자 했지만, 미처 다 갖지는 못하고 독자들에게 물려주었다'라고.

나는 모든 것을 갖고자 했지만

결국 아무것도 갖지 못했다.

가족,
존재만으로도
감사한 존재

대향이중섭화백묘비

—이중섭

제주도로 여행을 가면 화가 이중섭을 만날 수 있다. 서귀포에 이중섭 거리와 이중섭 미술관이 잘 조성되어 있기 때문이다. 이중섭과 아내, 두 아들은 서귀포에서 1년 남짓 살았다. 이중섭의 그림에는 황소, 새, 어린이, 물고기, 게 등이 자주 등장하는데, 그중에서도 게와 어린이는 이중섭이 가족들과 가장 행복하게 살았던 제주 생활을 고스란히 담고 있다. 서귀포시는 그 시절 이중섭의 삶이 담긴 작품들을 기념해 1996년에 그의 거주지 근방을 '이중섭 거리'로 지정했다.

이중섭은 형편이 어려워지자 아내와 두 아들을 일본으로 보냈다. 지난 봄에 내가 이중섭 미술관을 방문했을 때는 마침, 이중섭과 아내가 주고받았던 편지들이 전시되고 있었다. 편지지의 구석에는 아내와 아이들을 안심시키기 위해 이중섭이 그려 넣은 정감 있는 그림들도 보였다. 이전에는 '화가 이중섭' 하면 '소'와 '광기'라는 단어가 떠올랐다. 하지만 그림이 아닌 글이 담긴 편지에서 나는 그의 진심을 읽을 수 있었다. 이중섭에게 가장 중요한 가치는 '소'로 표현된 민족의 긍지와 '광기'로 드러난 천재성 이전에 '게'와 '어린이'에서 엿보이는 가족에 대한 사랑이었음을.

이중섭은 먼 타국으로 떠나보낸 아내와 아들들을 다시 데려오기 위해 안간힘을 다해 그림을 그리고 전시회를 열었다. 그러나 그 모든 것이 팍팍한 현실 속에서 수포로 돌아갔을 때, 이중섭은 서서히 절망했고, 점점 더 미쳐갔다. 이는 당대 우리 민족의 공통된 모습이기도 했다.

화가 이중섭, 불운한 시대를 관통하다

1916년에 평안북도 평원군에서 지주의 삼 남매 중 막내로 태어난 이중섭은 평양 외가에 나가 공부를 하던 중에 고구려 고분 벽화를 보고 그림에 눈을 떴다. 이후 정주의 민족사관학교인 오산학교에 들어가 당시에는 드물게도 미국 예일대 미술학과 출신이었던 임용련 선생의 지도를 받았다. 이중섭은 학교를 졸업한 뒤 1936년에 형의 허락을 받아 일본으로 유학을 떠났다. 그는 처음에는 제국미술학교를 다녔지만 학내 사정이 좋지 않아 좀 더 자유로운 도쿄문화학원으로 옮겨 그곳에서 공부를 마쳤다. 그리고 일본의 자유미술가협회에 가입하여 활동하던 중, 1943년에 일본이 태평양전쟁을 벌여 국내외 정세가 급변하자 고국으로 돌아왔다.

이중섭은 일본 유학 시절 문화학원 후배였던 일본인 야마모토 미사코와 연인이 되었다. 태평양전쟁 말기인 1945년 4월, 도쿄가 미군의 공습으로 초토화된 시기에 미사코는 연락선을 타고 원산까지 올라와 이중섭과 혼인을 올렸다. 이중섭은 마사코에게 '따뜻한 남쪽에서 온 덕이 많은 여자'라는 의미가 담긴 '남덕南德'이라는 이름을 지어주었다. 그들은 원산에서 아들 둘을 낳고 행복한 신혼 생활을 보냈지만, 역사의 암흑기를 피해갈 수는 없었다.

이중섭은 공산 정권 치하에서 창작 활동에 제약을 받았고, 곧 한국전쟁이 일어나 1950년 12월에 원산폭격을 피해 아내와 두 아들을 데리고 부산으로 피난을 갔다가 1951년에 제주도로 넘어갔다. 비록 가난했지만 서귀포에서 가족들과 보낸 시간은 그의 생애에서 가장 행복한 기억이었다. 1952년, 한창 전쟁이 벌어지고 있어 이렇다 할 생계를 꾸릴 방법이 없던 이중섭은 아내와 아들들을 일본으로 보냈다. 그리고 혼자 부산과 대구, 서울과 통영을 오가며 돈을 벌어 가족을 데려올 일념으로 창작활동에 몰두했다. 바로 이 시기에 그의 대표작인 〈황소〉 같은 최고의 작품들이 탄생했다.

그는 1953년부터는 아내와 아들들에게 더 많은 편지를 보냈다. 편지지에는 그의 애정이 담뿍 담긴 글과 그림이 가득했다.

> 끝없이 훌륭하고, 끝없이 다정하고, 나만의 아름답고 상냥한 천사여… 더욱 힘을 내서 더욱 더 건강하게 지내줘요. 화공 이중섭은 반드시 가장 사랑하는 현처 남덕 씨를 행복한 천사로 하여 드높고 아름다운 끝없이 넓게 이 세상에 돋을새김을 보이겠어요, 난 자신만만, 자신만만… 내 사랑하는 아내 남덕 천사 만세, 만세
>
> ― 《이중섭 편지와 그림들 1916~1956》 이중섭 지음 | 박재삼 옮김 | 다빈치 | 2011

이중섭은 1955년 1월에 서울로 올라와 지인의 집에 머물며 개인전을 준비했다. 그리고 곧 미도파 화랑에서 유화 41점, 은지화 10여 점 등을 선보이며 첫 전시회를 열었다. 많은 사람에게 호평을 받았지만 봉황을 그린 그림은 당국의 지적을 받아 작품명을 바꿔야 했고, 은지

화 50여 점은 외설스럽다는 이유로 경찰이 철거해버렸다. 그 와중에도 20여 점의 작품이 팔렸지만 수금이 제대로 되지 않았다.

같은 해 4월, 대구에서도 개인전을 열었지만 이 역시 기대에 미치지 못했다. 시인 구상이 회고한 바에 따르면 그때 이중섭은 스스로 '가장의 역할도 제대로 하지 못하고, 예술을 한답시고 공밥을 얻어먹으면서 무슨 대단한 예술가가 될 것처럼 세상을 속이고 말았다'며 자책했다고 한다.

연이은 실패와 쌓이는 빚더미 앞에 이중섭은 절망했고, 점점 더 수척해져갔다. 이대로라면 가족들을 다시 만날 수 없었다. 가장으로서 아무런 책임도 다하지 못했으니 먹을 자격도 없다고 생각했다. 신경쇠약을 앓던 이중섭은 거식증에 걸렸고, 곧 영양실조와 간염까지 더해져 1956년 9월 6일, 적십자병원에서 외로운 생을 마감했다.

길 떠나는 가족

1954년에 이중섭이 그린 〈길 떠나는 가족〉은 아들 태현에게 보낸 편지에 그렸던 그림을 다시 화폭에 옮긴 작품이다. 이 편지의 가족들 그림 밑에는 이런 설명이 덧붙여 있다.

엄마, 태성 군, 태현 군을 소달구지에 태우고 아빠가 앞에서 황소를 끌고 따뜻한 남쪽 나라로 함께 가는 그림을 그렸다. 황소 군 위에는 구름이다.

— 《이중섭 편지와 그림들 1916~1956》 이중섭 지음 | 박재삼 옮김 | 다빈치 | 2011

소달구지 위에서 꽃과 새와 어우러져 노는 아이들, 두 아이들 사이에서 흐뭇하게 웃는 여인, 그리고 그들을 보며 흥에 겨워 소를 몰고 가는 남자. 그들이 가는 '따뜻한 남쪽 나라'는 어떤 특정한 공간이 아닌 이중섭이 그토록 바라던 꿈, 가족과 더불어 사는 삶 자체가 아니었을까. 그곳이 바로 이중섭의 '대향大鄕'이 아니었을까.

시와 소설을 쓰다가 막상 가장이 되고, 남편이 되고, 아빠가 되고 보니 이중섭의 애틋한 마음이 더 절절하게 느껴진다. 그림 속 소달구지에 가족들을 싣고 가는 이중섭의 모습이 지금의 내 모습 같기도 하다. 가장으로서 힘들기도 하지만 그보다는 감사한 마음이 더 크다. 이중섭이 그토록 꿈꾸고 원했던 삶, 그 삶을 우리는 살고 있지 않은가. 언제나 한결같이 내 편이 되어주는 가족이 있기에 우리는 매순간 다시 일어나고, 또 힘을 낼 수 있지 않은가.

힘들 때는 가만히 가족에게 기대어보자. 혼자만 고민을 떠안고 있을 것이 아니라 가족들에게 털어놓고 도움을 요청해보자. 존재하는 것만으로도 감사한 사람들에게 더 많이 사랑을 표현하고 고백하자.

끝없이 훌륭하고, 끝없이 다정하고, 나만의 아름답고 상냥한 천사여…

Catharsis

고난은 우리 삶에
더 큰 카타르시스를
안겨준다

그의 힘과 용맹은 마라톤의 숲이 말해줄 것이며
또 그를 겪어본 페르시아인들이 전해주리라.

—아이스킬로스

흔히들 인생은 비극이라고 한다. 나름 잘 살아보려고 안간힘을 쓰지만 마음대로 되는 일은 없고, 오히려 생각지도 못했던 일들이 닥쳐 삶을 더 힘들게 한다. 운명은 어찌 이리 얄궂은지, 신은 또 어찌 그리 가혹한지, 주저앉아 펑펑 울다 보면 마치 내 자신이 비극의 주인공이 된 것만 같다.

나는 그럴 때마다 슬픈 영화를 본다. 시원하게 한 번 울고 싶은데, 눈물을 쏟는 게 익숙하지 않기 때문이기도 하다. 어쨌든 영화 속 비련의 인물들에 감정을 이입해 울다 보면 마음이 후련해진다. 나보다 힘든 상황에 놓인 사람들을 보며 안도감을 느끼는 게 조금은 미안하지만, 그래도 스크린 속의 인물들은 그저 연기를 하는 것뿐이니까. 그렇게 눈물을 쏟고 나면 묵은 감정의 찌꺼기들이 씻겨 내려간다. 아리스토텔레스는 이런 정화淨化현상, 즉 카타르시스를 비극이 관객에게 영향을 미치는 주요 작용 중 하나로 꼽았다.

'카타르시스'라는 말은 그리스어다. 그 배경에서 유추할 수 있듯, 그리스인들은 특히 비극을 사랑했다. 비극이 더 비극적이었던 까닭은 인간들의 이야기뿐 아니라 신들의 이야기도 섞여 있기 때문이다. 신들조차도 한치 앞을 내다볼 수 없는데, 인간은 더 말해 무엇하랴. 그럼에도 불굴의 투지로 운명을 개척하는 인간은 얼마나 위대한가.

프랑스 작가 카뮈는 《시시포스 신화》에서 이렇게 말했다.

인간과 그 자신의 삶, 배우와 무대장치 사이의 절연絶緣, 이것이 다름 아닌 부조리의 감정이다.

어쩌면 우리의 삶은 지극히 부조리할지도 모른다. 그래서 우리는 이렇듯 무대에서 자주 넘어지고, 그럴 때마다 조명은 고장이 나고, 누군가 어둠 속에서 울어도 쉽게 손을 내밀지 못하는 것은 아닐까. 그래도 막은 오르고 주인공이 될 기회는 또다시 찾아온다.

평생 전쟁 속에서 자칫 비극적일 수 있었던 삶을 영화 〈300: 제국의 부활〉의 용사들처럼 멋지게 살아낸 극작가가 있다. 그가 전투에서 돌아와 쓴 희곡 〈페르시아인〉은 아마도 〈300: 제국의 부활〉의 모티브가 되지 않았을까. 지금부터 고대 그리스의 시인, 아이스킬로스의 이야기에 귀 기울여보자.

비극을 사랑한 남자

아이스킬로스는 기원전 525년경에 그리스의 아테네 인근 엘레우시스에서 태어났다. 엘레우시스는 곡물과 농업을 관장하는 여신 데메테르를 섬기는 곳으로도 잘 알려져 있다.

데메테르의 딸 페르세포네는 지옥의 신 하데스에게 납치되었다. 훗날 제우스의 중재로 페르세포네는 한 해의 3분의 2를 엄마와 함께 보내고, 나머지 시간은 다시 지하세계로 돌아가 하데스와 보내게 되었다. 데메테르와 딸이 함께 지내는 동안에는 땅이 비옥해졌지만, 딸이 하데스에게 돌아간 기간에는 땅이 메말랐다. 딸을 애타게 찾던 데메테르가 페르세포네와 감격적으로 다시 만난 곳이 바로 엘레우시스다. 엘레우시스의 왕자 트립톨레모스는 땅의 신 데메테르에게 농사짓는 법을 배운 최초의 인간으로 알려져 있다.

아이스킬로스는 이렇듯 다채로운 신화와 제의의 도시에서 마음껏 희곡을 집필했다. 그가 생전에 발표한 작품은 90여 편에 달하며, 20대였던 기원전 499년에 처음 비극 경연에 참여한 이래 열세 번이나 우승을 거머쥐었다. 그중에서도 가장 유명한 작품은 아가멤논 가문의 이야기를 담은 '오레스테스 3부작'이다.

아가멤논은 미케네의 왕이자 실존 인물로, 그리스 신화에서는 트로이 전쟁을 승리로 이끈 영웅으로 그려진다. 그러나 아가멤논은 집으로 돌아오자마자 아내와 그녀의 정부情夫인 아이기스토스에게 죽임을 당한다. 그러자 아가멤논의 아들 오레스테스가 아버지의 복수를 위해 어머니를 살해한다. 이 비극은 아이스킬로스의 작품뿐 아니라 소포클레스의 〈엘렉트라〉, 에우리피데스의 〈오레스테스〉의 소재로도 쓰였다.

아이스킬로스는 군인의 신분으로 수많은 전쟁에서 참여했다. 특히 페르시아 전쟁(기원전 492~448년) 때는 마라톤 전투(기원전 492년)에 참전했고, 이 전투에서 형제를 잃었다. 또한 그는 살라미스 해전(기원전 480년)에서 싸우기도 했다.

말년에 아이스킬로스는 아테네를 떠나 시칠리아의 겔라에 살다가

기원전 456년쯤에 숨을 거두었다. 전해지는 이야기에 따르면 그의 죽음 또한 어이없고 비극적이었다. 대머리에 거구였던 아이스킬로스는 어느 날 들판에 앉아 꾸벅꾸벅 졸고 있었다. 그런데 지나가던 독수리가 거북이를 그의 정수리에 떨어뜨렸다. 실제로 그 근방에 사는 독수리 중에 일부는 거북이를 바위에 떨어뜨려 흘러나온 뇌수를 쪼아 먹었다고 한다. 허공을 지나던 독수리가 아이스킬로스의 반짝이는 머리를 바위로 착각한 것일까? 수많은 전쟁에서 활과 창을 피해 살아남은 그가 아이러니하게도 독수리가 떨어뜨린 거북이 때문에 삶을 마감하다니. 참으로 인생은 비극적이고 부조리하다. 아니, 어쩌면 희극적일지도 모르겠다.

전쟁을 사랑한 남자

아이스킬로스는 40대에 들어서야 처음으로 비극 경연에서 우승했다. 이는 그가 처음 경연에 참가한 이래 20여 년이 지난 뒤였다. 오랜 기간 동안 부단히 노력하기도 했겠지만, 비극과 다를 바 없는 그의 고된 경험, 즉 전쟁에서의 경험도 한몫했다. 신화를 소재로 삼은 다른 작품들과 달리, 살라미스 해전과 이때 패배를 한 페르시아 궁정의 이야기를 담은 〈페르시아인〉은 특히 두드러진다. 그리스인들의 관점에서 다루었기 때문에 페르시아의 후손인 이란 사람들은 이 작품을 좋

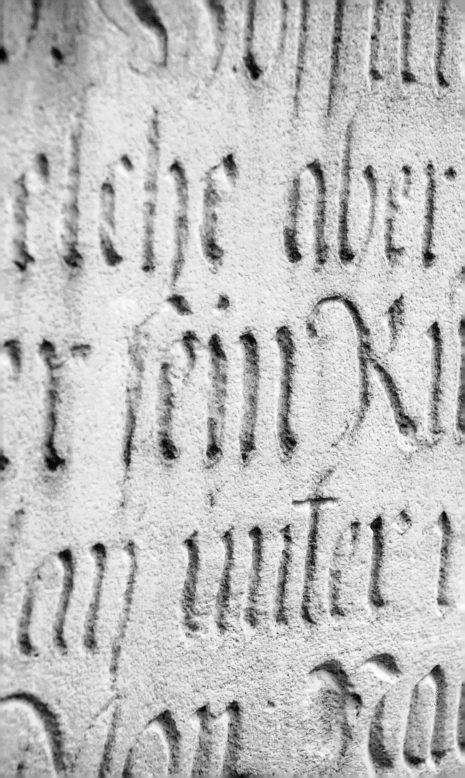

아하지 않는다. 그들은 같은 이유로 마라톤도 하지 않는다고 한다.

어쨌든 아이스킬로스는 매 순간을 전투를 치르듯 치열하게 살았다. 그는 그 누구보다 비극을 사랑했으며, 신보다 인간에게 관심이 많았다. 그에게 삶은 그 자체로 비극이기에 더 숭고하게 여겨졌다. 어쩌면 아이스킬로스는 극장보다 전쟁터에서의 시간들을 더 그리워했을지도 모른다. 그래서인지 그의 묘비명에는 정작 극작가가 아닌, 군인으로서의 이력들이 더 강조되어 있다.

> 여기 이 돌 아래 에우포리온의 아들, 아테나이의 아이스킬로스가 잠들도다.
> 그는 곡식이 풍성한 겔라의 들판에서 죽음에 제압되었으니,
> 그의 힘과 용맹은 마라톤의 숲이 말해줄 것이며,
> 또 그를 겪어본 페르시아인들이 전해주리라.

아이스킬로스는 삶은 물론, 죽음과도 싸웠다. 어쩌면 전사라는 칭호는 꼭 특정 국가와의 전쟁에 참전해야만 주어지는 게 아닐지도 모른다. 아이스킬로스는 마지막까지 운명과 싸웠고, '웃프게도' 운명과 죽음에 패배했다. 하지만 그 덕분에 그는 진정한 안식을 얻었다.

> 오, 치유의 죽음이여. 비웃지 말고 부디 내게 와다오.
> 불치병에는 그대가 의사이니.

인생의 마지막 한 줄

고통도 시신만큼은 손대지 못하는 법.

　　아이스킬로스가 쓴 이 시편에는 그가 살아오면서 겪은 숱한 죽음에 대한 인식이 담겨 있다. 그러나 영웅은 결국 비극을 넘어선다. 우리는 분명 영웅은 아니다. 하지만 우리가 자기 무대의 주인이라면, 굳이 무대도, 조명도 필요 없지 않을까. 판은 내가 정하면 될 일이다. 그러니 스스로 판을 짜자. 관객이 없으면 또 어떤가. 1막은 내려가도, 2막이 다시 올라갈 것이다.

Deferrent

때로는
주어진 길에서 벗어나
바라볼 필요도 있다

하늘이 주신 시간에 시간을 보태고
사랑에 사랑을 보탠 다음
눈감아 여기 잠든 이

—전혜린

인생의 마지막 한 줄

　　　　　사람들은 항상 바른 것을 추구한다. 우리는 어릴 때부터 "똑바로 앉아라", "똑바로 보아라", "똑바로 살아라"라는 말을 듣고 자랐고, 심지어 학교에서는 '바른 생활' 교과목을 배웠다. 바른 것은 선한 것이자 정의고, 바르지 못한 것은 곧 악이자 불의로 알고 자라온 세월, 기울어진다는 것은 그 자체로 삐뚤어진 삶을 사는 것으로 인식되어 왔다.

　하지만 사람들은 뒤늦게 무언가 이상하다는 것을 깨닫는다. 항상 꼿꼿하게 살다 보니 삶이 줄타기하는 것처럼 느껴지고, 조금이라도 기울면 끝도 없는 벼랑으로 떨어질 것만 같다. 우리는 지금껏 이렇게 뒤도 돌아보지 않고 달려왔다. 더 이상 맨땅에 안전하고 여유롭게 두 다리를 디딜 수 없을 만큼 급하고 가파르게 달려온 것이다.

　아찔한 높이를 눈치챘을 때는 돌아갈 수 없다는 것도 알게 된다. 차마 돌아갈 엄두를 내지 못하고 후회할 겨를도 없이 우리는 위로, 더 높은 곳으로 가야 한다. 언젠가, 누군가에게, 무엇인가에 타율적으로 밀려서 저 아래로 떨어지기 전까지는….

　그래서 우리는 태어날 때부터 주어진 길에서 벗어나기를 원했던 한 여인의 짧은 삶에 끌리는 것 같다. 다른 이들과 달리 기울어져서 세상을 본 여인. 그만큼 달리 살았기에 그녀의 삶과 글이 지금도 많은 사람의 가슴속에 변함없는 울림을 주는 것이 아닐까?

센 강과 미라보 다리 너머

어린 시절부터 혜화동에서 살았던 나는 대학로에 자리한 학림다방을 지날 때마다 늘 궁금했다. 저 낡고 오래된 카페, 아니 다방에는 어떤 사람들이 드나들까?

한편으로는 고풍스럽지만, 1960년대를 떠올리면 모던했을 학림다방. 지금은 대학로 한쪽으로 인공 실개천이 흐르지만, 예전에는 대학천이 흘렀고 서울대생들은 이를 '센 강'이라고 불렀다. 그리고 문리대학으로 들어가는 다리를 '미라보 다리'라고 불렀단다.

걷는 자체로 가슴 뛰는 대학가를 누비다가 서양 고전 음악을 듣기 위해 학림다방으로 향하는 학생도 많았을 것이다. 학생들은 때때로 낭만적인 축제를 열어 친구와 왈츠를 추고, 때로는 연인을 데려와 수줍게 사랑을 고백했으리라.

학림다방에는 천상병, 김승옥, 김지하, 유홍준 등 수많은 문화예술계 인사들이 오갔다. 그중에서도 단연 돋보였던 '모던 걸'이 있었으니, 바로 전혜린이었다.

> 내가 태어나기 전
> 전혜린이 다녀갔던 이곳…
> 200구년 10월 11일, 드디어
> ○○○… 다녀가다…

그녀의 에스프리를 공유하며…

― 학림다방의 방명록 중에서

그녀는 종종 검은 옷을 입고 검은 스카프를 머리에 질끈 동여맨 모습으로 창가에 앉아 사색에 잠겼다. 눈길은 언제나 먼 곳을 향해 있어서 언뜻 이 세상 사람이 아닌 것 같은 묘한 신비감마저 자아냈다. 아버지의 뜻에 따라 전혜린은 서울대학교 법대에 진학했지만 그녀는 문학인을 꿈꾸었다.

결국 그녀는 당시로서는 드물게 독일로 유학을 가서 독문학을 공부했다. 지금까지도 많은 독자의 사랑을 받는 수필집 《그리고 아무 말도 하지 않았다》에는 뮌헨 유학 시절의 추억이 오롯이 담겨 있다. 전혜린은 한국으로 돌아와 모교에서 독문학을 가르쳤다. 그녀가 늘 머리에 검은 스카프를 쓰고 다녔던 이유는 뮌헨의 음습한 날씨 때문이었는데, 그때 생긴 습관이 귀국 후에도 이어졌다고 한다.

그녀는 대개 혼자서 학림다방을 찾았다. 그러다가 어느 날에는 후배 이덕희와 함께 이 다방을 찾았는데, 전혜린은 이덕희에게 이렇게 말했다.

"나가자. 여기는 너무 권태로워."

그녀에게 바르고 인습적인 삶은 말 그대로 권태로울 뿐이었다. 당시 '여자는 강단에 세우지 않는다'라는 전통이 있었는데, 전혜린은 이를 깨고 스물다섯의 나이에 강의를 시작했다. 또 남편과 이혼한 뒤에 '장

아제베도'라는 스무 살짜리 제자와 사랑에 빠지기도 했다. 하지만 청년의 어머니는 아들을 포기해달라며 전혜린 앞에 무릎을 꿇었고, 겁먹은 청년은 결국 결별을 선언했다. 그녀는 떠나가는 남자에게 이렇게 말했다.

"네가 날아올 땐 난 네가 독수리인 줄 알았는데, 날아가는 모습을 보니 참새에 지나지 않았어!"

그녀는 자신의 이름을 '혜린'이 아닌 '혜린'으로 쓸 정도로 평범함을 거부했다. 당연히 친구도 많지 않았다. 그녀는 늘 불안해했고, 사랑에 실패하고 나서는 더 크게 흔들렸다.

그리고 아무 말도 하지 않았다

1965년 1월, 학림다방에서 이덕희와 커피를 마시고 나온 그녀는 잔설이 내려앉은 나뭇가지에 잠시 시선을 두고는 총총히 사라졌다. 그것이 마지막이었다. 다음 날 아침, 전혜린은 동네 인근 숲에서 싸늘한 시신으로 발견되었다. 그녀의 나이는 겨우 서른한 살이었다. 사인은 수면제 과다복용이라는 설도 있지만, 이미 유학 시절에 자살 시도를 한 적이 있는 그녀가 약을 먹었는지, 또 다른 지병이 있었는지는 알 수 없다.

인생의 마지막 한 줄

Pixabay

자기의 내부에 있는 애정을 조금도 구김 없이 발달시켜서 그 애정을 남에게 순수하게 쏟을 수 있게 된 사람만이 정상적이고 성실한 사람일 수가 있는 것이니까. 그러한 사람에게만 사회에의 연대감, 타인의 책임감과 박애의 여지가 있는 것이다.

─《그리고 아무 말도 하지 않았다》 전혜린 지음 | 민서출판사 | 2004

우리가 똑바로 살아서 되고자 하는 사람, 즉 '정상적이고 성실한 사람'이란 과연 어떤 사람일까. 오로지 앞만 보며 달려온 우리는 이런 생각을 해볼 시간이 많지 않았다. 그러나 이에 대해 전혜린은 자신만의 확고한 대답을 가지고 있었다. 마냥 사회적인 전통과 인습을 우선하기보다는 내부에 뜨거운 사랑과 열정을 가지고 살아가는 사람. 이런 마음으로 타인을 제약하기보다는 힘껏 끌어안는 사람이 많아질 때, 우리 사회는 좀 더 살기 좋은 세상이 되지 않을까?

현재 천주교 서울대 교구 용인공원 묘원에 있는 전혜린의 묘비에는 그녀의 이름이, 그녀가 원했던 대로 '전혜린'으로 표기되어 있다. 더불어 김남조 시인이 쓴 묘비명도 새겨져 있다.

하늘이 주신 시간에 시간을 보태고

사랑에 사랑을 보탠 다음

눈감아 여기 잠든 이

전혜린 여사여.

만약 지금 우리의 삶이 흔들린다면, 스스로 크게 비틀거린다면 한 번쯤 삶을 되돌아보고 자기만의 길을 찾으라는 신호로 받아들여도 좋으리라. 모든 것이 탄탄대로여서 앞으로 쭉쭉 뻗어가고 있다면, 점점 가속도가 붙는다면 오히려 조심해야 한다. 일부러 조금은 기울어질 필요도 있다.

가만히 브레이크를 밟아도 좋고, 힘들다면 잠시 멈춰도 좋다. 주변을 돌아보고 사랑하는 사람들의 눈을 천천히 들여다보자. 사랑에 사랑을 보태어, 마음껏 사랑하면서 살아가야겠다.

누구의 것도 아닌 나의 인생

Ethic

내 마음속의 도덕률,
부끄럽지 않은 삶

생각할수록 새로우며 더욱 놀랍고 두렵게 하는
두 가지가 있다.
그것은 밤하늘에 반짝이는 별과
내 마음속의 도덕률이다.

―임마누엘 칸트

윤동주 시인만큼은 아니더라도 '죽는 날까지 하늘을 우러러 한 점 부끄럼이 없기를' 기도하며 살던 때가 있었다. 지금도 그런 마음가짐을 가지고 있지만 '잎새에 이는 바람에도 괴로워했다'던 시인과 달리 이제 나는 어떤 상황에서도 좀처럼 괴로워하지 않는다.

쉽게 포기하는 법을 체득했기 때문일까? 마음이 쉬이 편안해지니 하늘을 우러러보는 일도 점점 줄어든 것 같다. 과연 나는 잘 살고 있는 것일까? 매순간 주어진 일에 최선을 다했고, 만나는 사람들에게 솔직했으며 대가를 바라지 않았다. 그때 내 일기장에는 미처 시가 되지 못한 이런 글귀가 가득했다.

진심

진심 하나면 된다고
생각하고

또 그거 하나면 충분하지만
생각지도 않게 그것들이
왜곡될 때는
분노와 슬픔으로

애초에 가졌던 진심마저

내 스스로 무너뜨려

어깃장을 놓고 만다.

그러나 그게 정말 진심이었다면

오해하고 비난해도

처음 모습으로 한결 같을 것

그래서

진심에는 용기가 따르는

것일지도 모르겠다.

웃자, 쓰리고 또 쓰라려도

빛 가운데 오롯이

진심이 통하지 않을 때 사람은 먼저 고독을 느끼고, 시간이 지나
면 슬그머니 반발심도 생긴다. 마음이 곪아 상처가 생기면 곧 삐뚤어
지기 마련이다. 애써 상처받지 않기 위해 가면을 쓰면서부터는 거짓말
을 하게 된다. 어쩌면 당연한 일인지도 모르겠다. 저마다 자신을 보호
하기 위해 가면을 쓰고 있으니 쓸쓸하고 먹먹하기는 매한가지다. 그럼
에도 순수한 이성으로 진실을 말하고, 마음의 양심에 따라 맨 얼굴로
서로를 마주하기란 결코 쉬운 일이 아니다.

독일의 철학자 임마누엘 칸트가 꿈꾼 세상은 사실 지극히 단순하다. 사람들이 저마다 자기 마음속에 있는 도덕률, 그 별처럼 반짝이는 이성과 양심에 따라 살아가는 것이다. 하지만 인간에게 그것이 가장 어려운 일이라면, 서로에게 되물을 수밖에 없겠다. 과연 인간이란 무엇일까?

순수를 사랑한 순수한 남자

칸트는 1724년에 프로이센의 쾨니히스베르크에서 태어났다. 아버지는 마구馬具 장인이었고, 어머니는 독실한 기독교 신자였다. 가정 형편은 그리 좋지 않았다. 열한 자녀의 넷째로 태어났지만, 어른이 될 때까지 살아남은 자녀는 칸트를 포함하여 네 명에 불과했다.

열세 살에 모친을, 스물두 살에 부친을 여읜 칸트는 1770년에 쾨니히스베르크 대학의 철학 교수로 임용될 때까지 시간강사, 가정교사, 도서관 사서 등 온갖 일을 전전하며 철학을 연구했다. 6년 전인 1764년에 교육 당국으로부터 문학부 교수직을 제의받기도 했지만 칸트는 정중히 거절했다. 그의 머릿속에는 온통 철학뿐이었다. 칸트는 1781년에 그간의 연구를 집대성한 《순수 이성 비판》을 펴냈지만, 내용이 너무 난해하고 낯설다는 이유로 혹평에 시달렸다.

하지만 칸트는 한 발 더 나아가 《순수 이성 비판》의 입문서에 해당

하는《형이상학 서설》을 펴냈다. 처음에는 혀를 내두르며 비평의 수위를 높이던 사람들도 칸트가 1788년에《실천 이성 비판》을, 1790년에《판단력 비판》을 펴내며 끊임없이 연구를 이어나가자 점점 그의 철학에 빠져들었다.

칸트의 주저인《순수 이성 비판》은 인간이 가진 순수한 이성에 주목하여 인간의 이성이 무엇을 알 수 있는지를 파고든 책이다.《실천 이성 비판》과《판단력 비판》은《순수 이성 비판》의 '실천 편' 격으로, 그렇다면 이런 이성을 가진 인간이 정작 무엇을 해야 하는지를 반성적으로 성찰한 책이다. 이는 궁극적으로 '인간이란 무엇인가'에 대한 답을 찾아가는 과정이기도 하다.

만약 길을 가는데 한 아이가 물에 빠져 허우적대는 것을 봤다고 하자. 우리 내면의 순수 이성은 아이가 위험에 빠졌으니 선한 의지에 따라 아이를 구하는 것이 옳다고 판단할 것이고, 곧바로 실천 이성은 즉각적으로 아이를 구하라고 명령할 것이다. 이 즉자적인 내면의 목소리를 '정언명령'이라고 한다. 반면 어떤 보상이나 다른 의도 때문에 아이를 구해야겠다는 생각이 들었다면 이는 '가언명령'을 따랐다고 볼 수있다. 전자는 인간이 바로 목적 자체이고, 후자는 일종의 수단이 되는셈이다. 칸트는 궁극적으로 인간이 순수하게 목적 자체인 이상적인세상을 꿈꾸었다.

보편적 준칙은 이미 우리 안에 있다

칸트는 몸이 약했지만 규칙적인 생활을 하면서 건강을 잘 유지했다. 항상 같은 시각에 산책을 하여 마을 사람들이 칸트를 보고 시간을 확인했다는 일화는 널리 알려져 있다. 그것이 사실인지는 알 수 없지만, 이는 칸트의 삶과 철학을 잘 보여주는 사례이다.

평생 독신으로 살았던 칸트는 19세기의 시작인 1800년에 들어 크게 쇠약해졌다. 순수 이성은커녕, 인간의 이성마저 도구로 전락해버린 19세기의 물질문명이 통 마음에 들지 않아서였을까. 1804년 2월, 칸트는 포도주 한 잔을 마시고 "좋다Es ist gut!"라는 말을 남긴 채 조용히 세상을 떠났다.

제2차 세계대전 이후 칸트의 고향인 독일의 쾨니히스베르크는 러시아의 칼리닌그라드가 되고 만다. 쾨니히스베르크 대학 역시 종전 후에 칼리닌그라드 대학으로 바뀌었지만, 2005년에 러시아의 푸틴 대통령과 독일의 슈뢰더 총리가 만난 자리에서 '칸트 대학'으로 거듭났다. 이 대학의 교정에는 칸트의 동상이 있는데, 사진 속으로나마 그 형상을 보고 있자면 생전에 그가 자주 되뇌었던 말들이 들리는 듯하다.

"할 수 있는 한 보편적 준칙에 따라 행동하십시오."

'보편적 준칙'이라는 말이 어렵다면, 사전보다는 밤하늘을 올려다보거나, 자기 마음속을 가만히 들여다보자. 칼리닌그라드에 있는 칸트의 묘석에는 《실천 이성 비판》의 한 구절이기도 한 묘비명이 이렇게 적

인생의 마지막 한 줄

혀 있다.

> 생각할수록 새로우며 더욱 놀랍고 두렵게 하는
> 두 가지가 있다.
> 그것은 밤하늘에 반짝이는 별과
> 내 마음속의 도덕률이다.

문득 가슴이 낮달처럼 아릿해진다. 그렇다. 다른 사람이 내 진심을 못 알아주고, 좀 오해하면 어떤가. 못 알아주는 게 아니라, 안 알아주는 거라면 또 어떤가. 아들러의 말처럼 '미움 받을 용기'를 내어 다가가 거듭 손 내밀다 보면, 분명 밤하늘의 별은 더욱 반짝일 것이고 내 마음속의 도덕률은 더 환하게 빛날 것이다.

Confidence

자신에 대한
확고한 믿음이 주는
자유로운 삶

아아, 몸은 얼어 죽어도
이름은 사라지지 않으리로다.

―최북

심리학자 에이브러햄 매슬로는 '욕구 5단계 이론'을 통해 인간의 욕구를 다섯 가지 단계로 나누었다. 첫 번째는 먹고, 자고, 입는 등 우리 생활에서 가장 기본적인 것들을 해결하고자 하는 생리적인 욕구이고, 두 번째는 안전에 대한 욕구, 세 번째는 소속과 애정을 지향하는 욕구, 네 번째는 존경을 받고자 하는 욕구, 다섯 번째는 자아실현에 대한 욕구이다. 가만히 살펴보면 기본적인 욕구 외에 다른 항목들의 공통점은 사람과 사람 사이의 관계와 관심에서 기인함을 알 수 있다.

애정과 존경까지는 아니더라도 우리는 적어도 다른 사람에게 욕을 먹거나 미움을 받는 것에 민감하고, 되도록 그런 상황을 피하고자 한다. 인간은 사회적 동물이기에 부대끼다 보면 으레 그런 일이 발생하기 마련이지만, 살아있음에 우리는 종종 좌절감에 빠진다. 오죽하면 《미움받을 용기》라는 책이 베스트셀러가 되었을까.

때로는 그 모든 게 싫어져서 혼자만의 세계에 틀어박히고 싶을 때도 있다. 혼자 밥을 먹고 혼자 영화를 보고 혼자 거리를 걸으면서, 이런 생활이 더 자유롭다는 생각을 해본 적이 있을 것이다. 우리 모두에게는 나를 속박하는 사회적 굴레와 남들의 시선까지 전부 훌훌 벗어버리고, 온전히 나 자신만을 생각하는 시간이 절대적으로 필요하다.

하지만 휴가를 내고 하루 이틀 자유를 누리더라도 곧 제자리로 돌아와야 한다. 너무 오래 자리를 비우면 직장 내 평판에 영향을 미칠지도 모르기 때문이다. 평판을 잘 관리해야 승진도 빨라지고 이직도 수

월하다. 그래서 우리는 오늘도 존경받기 위해, 미움 받지 않기 위해 다른 사람의 안색을 살피고 눈치껏 행동하려고 애쓴다.

물론 그렇지 않은 삶을 사는 사람들도 있다. 놀고 싶으면 놀고, 자고 싶으면 자고, 마음에 들지 않는 사람이 있으면 한껏 화를 내며 제 마음 내키는 대로 사는 이들. 겉으로 우리는 그들을 비난하지만 속으로는 은근히 동경한다. 자기 자신의 행동에 책임질 수만 있다면 그렇게 사는 것도 나쁘지 않으리라. 조선 후기, 한 시대를 풍미한 화가 최북도 바로 그런 이였다.

살고 싶은 대로 살다간 화가 최북

최북의 생몰연대는 정확하지 않다. 조선 숙종 때인 1712년에 태어나 영조 때인 1760년 즈음에 사망했다고 추정할 뿐이다. 중인의 아들로 태어난 최북은 주어진 환경에도 불구하고 지극히 자유로운 영혼이었다.

최북은 다양한 호를 가졌다. 양반들이 자신을 '어이', '거기'라고 부르는 게 거슬렸는지 아예 호를 '거기재'라고 짓는가 하면, 붓 하나로 먹고산다 해서 '호생관毫生館'이라고도 지었다. 또한 자신의 이름인 북北자를 파자해 자를 '칠칠七七'이라 짓기도 했다.

그는 산수화와 메추리를 특히 잘 그려서 '최산수' 또는 '메추라기 순

鶉'자를 써서 '최순'이라는 별칭도 가졌다. 최북의 성정이 그대로 투영된 거칠고 대범한 그림체를 보고 많은 사람이 그의 그림을 얻고자 했으며, 남화南畫의 거장인 심사정과도 종종 비견되었다.

최북은 괴팍한 성질과 기이한 행동으로도 유명했다. 어느 날, 지체 높은 양반이 찾아와 그에게 그림 한 점을 부탁했다. 하지만 최북은 "나는 아무 때나 그림을 그리는 사람이 아니오"라며 거절했다. 화가 난 양반은 소리를 지르며 최북을 나무랐는데, 최북은 주눅 들기는커녕 오히려 양반에게 호통을 치며 송곳을 들어 자신의 오른쪽 눈을 찔렀다. 그리고 이렇게 말했다.

"남이 나를 저버린 게 아니라, 내가 스스로 나를 저버린 것이다."

최북은 피를 흘리면서도 초연했고, 양반은 그를 두려워하며 물러갔다. 그 일로 그는 한쪽 눈을 잃었다.

그는 금강산 유람 중에 구룡연에 머물며 술을 마시다가 갑자기 연못 한가운데로 뛰어든 적도 있다. 동행한 친구가 쫓아가서 구하지 않았다면 그는 꼼짝없이 물귀신이 되었을 것이다. 하지만 최북은 오히려 친구를 나무랐다.

"천하의 명사가 천하의 명산에서 죽는 게 당연하지 않은가!"

최북은 마냥 중국 그림을 추종하는 양반들을 비판하기도 했다.

"무릇 풍속도 조선 사람과 중국 사람이 다르듯 산수의 형세도 조선과 중국이 다른데, 어찌 중국 산수의 형세를 띤 그림만을 떠받들고 좋아하는가?"

금강산의 모습을 담은 최북의 〈금강산전도〉뿐 아니라 〈표훈사도〉 등의 그림을 보면 조선의 빼어난 산수를 잘 드러낸 진경산수화의 화풍이 엿보인다.

이렇게 최북은 사회와 신분, 심지어 그림에 대한 고정관념까지 뛰어넘어 사람들에게 자유로운 정신을 드러냈다. 그의 그림뿐 아니라 말과 행위를 통해 사람들은 비로소 자신의 내부에 자리한 인간 본성에 눈을 뜰 수 있었고, 양반이든 천민이든 스스럼없이 그에게 다가설 수 있었다. 성호 이익은 최북이 1747년에 통신사의 수행 화원으로 일본에 건너갈 때 송별시를 지어주기도 했다.

최북은 1760년 즈음의 어느 겨울 밤에 굶주림에 지쳐 그림 한 점을 그려 팔았다. 그리고 그 돈으로 술을 사 마시고는 눈구덩이에 파묻혀 얼어 죽었다고 한다. 당시 최북의 나이는 마흔아홉이었는데, 자기 스스로 죽을 나이를 미리 정해두고 자를 '칠칠(7×7=49)'로 정했다는 이야기도 전해진다.

누구의 말에도 흔들리지 않은 '천상천하유아독존'

조선 후기에 중인으로 태어난 최북은 세상이 온갖 격식과 제도로 자신을 억압해도 굴하지 않았다. 반대로 사람들이 그림이 빼어나다며 떠받들어도 자만하거나 휘둘리지 않았다. 오직 '천상천하유아독존'으

로, 그저 한 인간으로 오롯이 살아갔다. 그는 누가 뭐래도 자신을 스스로를 존중하고, 그림을 그릴 때는 혹독하게 몰아세웠다. 시대도, 신분도 중요하지 않았다. 그저 그림 하나면 충분했다.

최북은 전국을 유랑하며 그림을 팔아 연명했는데, 사람들이 그림 본연의 가치에 미치지 못하는 푼돈을 내밀면 성을 내며 그림을 찢어버렸고, 그림이 별로인데 누군가가 큰돈을 내밀면 허허 웃으며 핀잔을 주었다.

"이따위 그림에 그렇게 큰돈을 내놓다니 애송이가 아니오?"

비록 남을 위해 그림을 그렸지만, 최북은 타인의 평가에 일희일비하지 않았다. 오로지 자신의 눈으로만 자기 그림을 판단했다.

누구의 시선도 의식하지 않고, 오로지 자기 자신으로 살아간 최북. 한평생 그렇게 살아가기 위해서는 누구보다 자신에 대한 확신이 있어야 하리라. 최북의 그림에는 바로 그런 혼이 고스란히 드러난다. 그래서 어떤 사람들은 조선 후기의 대표적인 화가 김홍도나 신윤복보다도 최북을 첫손에 꼽는다.

최북이 그린 〈풍설야귀인도〉에서는 큰 나무가 휠 정도로 거센 눈바람이 몰아치고, 그 산길을 노인과 아이가 걸어간다. 한쪽에는 비쩍 마른 검둥개가 두 사람을 향해 짖어댄다. 가만히 그림을 들여다보고 있으면 문득 이런 의문이 든다.

'저들은 모두 어디로 가고 있을까?'

어두운 밤에 몰아치는 눈보라도, 고사목만 간신히 드러낸 눈 덮인

설산도, 그곳을 표표히 가로지르는 노인도, 천진난만하게 뒤를 쫓는 아이도, 세상을 향해 짖는 검둥개도 모두 최북의 여러 호처럼 그 자신의 다른 모습이 아닐까. 또한 우리 내면의 억눌린 본성을 나타내지 않을까. 이것이 바로 최북의 그림이 많은 사람에게 카타르시스를 주는 까닭이다.

Passion

지체 말고,
라만차의 풍차를 향해
달려라

미쳐서 살다가 깨어서 죽었다.

―미겔 데 세르반테스

사람들은 으레 이유를 따진다. 마땅한 이유가 있어야 어떤 일을 시작하고, 또 이해하고 받아들인다.

"그건 왜 그런 거야?"

"당신은 왜 그 길을 가려고 하는 거죠?"

"너는 왜 나를 좋아하니?"

물론 이유는 중요하지만, 그저 허울뿐일 때도 많다. 그래서 사람들은 억지로 이유를 지어내기도 하고, 거짓으로 만들어 둘러대기도 한다.

차라리 그럴 때는 아무 생각 없이 그냥 해보는 것이 어떨까? 영국의 산악인 조지 멀로리는 산을 왜 오르느냐는 질문에 "산이 거기에 있어서"라는 유명한 말을 남겼다. 산을 오르는 이유에 대해 그럴듯한 대답을 한 것 같지만, 곰곰이 생각해보면 '그냥'이라는 말과 같다. 산이 있으니까 그냥 산에 오를 뿐. 명분을 중시하는 세상 사람들에게 논리를 뒤집어 일침을 가한 셈이다. 사람을 좋아하는 이유도, 일을 하는 이유도 마찬가지일 것이다.

우리 주변에는 '왜?'라는 질문을 입에 달고 사는 사람이 많다. 그런 사람들 옆에 있으면 속이 불편할 때가 많다.

"왜 그렇게 했어?"

"왜 지금 왔어?"

"왜 이게 싫어?"

"왜 너는 달라?"

이런 질문을 받다 보면 괜히 위축되고, 무언가 잘못했나 싶어 변론이라도 해야 할 것 같다. 이때 '그냥'이라고 대답하면 이런 질문이 돌아온다.

"왜 그냥이야?"

이쯤 되면 멀리 도망치고 싶어진다. '왜'에 길들여진 우리는 '그냥'이라는 말을 낯설어하면서도 속으로는 갈망하고 기다린다. 우리 자신이 다른 사람에게 그냥 받아들여지고, 또 그냥 다가서고 싶기 때문이다.

돈키호테가 라만차의 풍차를 향해 달려 나갔던 것도 딱히 어떤 명분이 있어서가 아니었다. 그냥 집을 뛰쳐나왔고, 그냥 달리다 보니 적이 눈앞에 보였고, 그냥 창을 들고 맞짱을 떴을 뿐. 돈키호테는 그저 달릴 뿐이었다. 《돈키호테》의 저자인 미겔 데 세르반테스의 삶 또한 마찬가지였다.

레판토의 외팔이

세르반테스는 원래 글쓰기와는 거리가 먼 사람이었다. 1547년 9월에 에스파냐의 수도 마드리드 인근에서 태어난 그는 1569년에 자원해 입대를 했고, 1571년 10월에 지중해 패권을 놓고 투르크와 격돌한 레판토 해전에 참전했다. 세르반테스는 이때 가슴과 왼손에 총상을 입었다. 세르반테스는 그 때문에 왼손을 아예 쓰지 못해 평생 '레판토의

'외팔이'라 불렸다.

그의 어린 시절에 관해서는 알려진 바가 별로 없지만, 군대에 들어간 이후 그의 삶은 파란만장했다. 그는 '레판토의 외팔이'가 되고 나서도 여러 전투에 계속 참여했다. 1575년에 퇴역한 그는 고향으로 출발했다. 하지만 출항 엿새 만에 해적선의 습격을 받고 포로가 되어 알제리로 끌려갔다. 가족은 해적이 요구한 몸값을 마련하지 못했다. 그는 여러 번 탈출을 감행했지만 실패했고, 그때마다 큰 곤욕을 치렀다. 천신만고 끝에 에스파냐 동포들의 도움으로 알제리를 빠져나온 세르반테스는 공직에 도전했지만 실패했다. 그는 생계가 점점 어려워지자 시와 희곡, 소설 등을 써서 팔았다.

그의 첫 소설 《라 갈라테아》는 그다지 주목받지 못했다. 세르반테스는 이때도 소설보다는 공직을 추구했다. 세르반테스는 힘겹게 하급 관리가 되었지만, 비리에 수차례 연루되어 옥살이를 하는 등 삶이 순탄치 않았다. 《돈키호테》는 1597년, 그가 세비야에서 옥살이를 할 때 구상했다고 전해진다. 세르반테스는 환갑을 앞둔 나이에 감옥에서 무슨 생각을 했을까? 기사 이야기를 탐독하다 미쳐서 무작정 모험을 떠난 돈키호테는 어쩌면 세르반테스 자신의 모습일지도 모르겠다.

이룰 수 없는 꿈을 꾸고

이루지 못할 사랑을 하고

이길 수 없는 적과 싸우고

견딜 수 없는 고통을 즐기며

잡을 수 없는 별을 따자.

— 《돈키호테》 미겔 데 세르반테스 지음

돈키호테 역시 별다른 이유 없이 꿈을 꾸고, 사랑하고, 적과 싸우고, 고통을 즐기며, 별을 따기 위해 달렸다. 돈키호테는 아무 이유가 없었음에도 매순간 전력으로 질주했다. 때로는 풍차를 향해 창을 들고 돌진했다. 바람에 도는 풍차가 자신을 후려쳐도, 말에서 떨어져 코피가 터져도, 돈키호테는 또다시 그냥 달렸다.

세르반테스 역시 그렇게 '라만차의 풍차'를 향해 평생을 달려왔다. 영국 작가 셰익스피어가 천재성을 바탕으로 대작들을 쏟아냈다면, 세르반테스는 온전히 자신의 삶 속에서 길어 올린 이야기들을 작품에 담아냈다. 공교롭게도 두 사람은 1616년 4월 23일, 같은 날에 사망했다. 이때 세르반테스의 나이는 일흔이었다.

모든 시간은 계속해서 이어지는 것이 아닙니다. 아마도 이 끊어진 실을 이으면서, 내가 여기서 쓰지 않은 것들, 그리고 잘 어울렸던 부분들을 언급할 시간이 올 겁니다. 안녕, 아름다움이여. 안녕, 재미있는 글들이여. 안녕, 기분 좋은 친구들이여. 만족스러워하는 그대들을 다른 세상에서 곧 만나길 바라면서 난 죽어가고 있다오!

— 《사랑의 모험》 미겔 데 세르반테스 지음 | 조구호·임효상 옮김 | 바다출판사 | 2000

소설 말미에 나오는 돈키호테의 묘비명은 '미쳐서 살다가 깨어서 죽었다'이다. 그러나 아쉽게도 작가인 세르반테스의 묘는 어디에 있는지 알려지지 않았다. 다만 스페인 마드리드의 한 수도원 지하에 묻혀 있다고 전해진다.

《돈키호테》는 큰 성공을 거두었지만, 생계가 급했던 세르반테스는 출판업자에게 판권을 통째로 넘겨 인세 수입을 얻지 못했다. 그는 생의 마지막을 수도원에서 보냈고, 수도사로 서원을 하기도 했다. 최근에 그의 유골이 발굴됐다고 하지만 진위 논란에 휩싸였다. 분명한 것은 세르반테스의 분신인 돈키호테처럼, 그 자신도 '미쳐서 살았다'는 사실이다. 자기 생을 온전히 미쳐서 산 사람만큼 행복한 이가 또 어디에 있을까?

세르반테스 역시 지난한 삶을 살면서 아무 이유도 따지지 않았다. 다만 매순간 치열했고, 때로는 실수하고 넘어졌으며, 곧 툭툭 털고 일어나 그냥 걷고 또 걸었다. 그저 돈키호테처럼 라만차의 풍차를 향해 달렸다.

어떤 일도 '그냥' 하다 보면 익숙해지고 수완이 붙는다. 그렇지 않다면 '그냥' 그만두면 된다. 그만둘 때 우리는 더 많은 이유를 필요로 한다. 다른 사람들의 시선을 지나치게 신경 쓰기 때문이다. 하지만 '그냥' 손을 뗄 수 있을 때 사람은 더 자유롭고 주체적인 존재로 거듭난다.

한 번쯤 아무 생각 없이 '그냥' 해보면 어떨까? 한 걸음, 또 한 걸음

인생의 마지막 한 줄

발을 내딛다 보면 어느 순간 그 길이 거꾸로 나를 끌어줄 때가 있으리라. 마찬가지로 '그냥'이라는 말을 들었을 때, 따지기보다 미소를 지으며 가만히 고개를 끄떡여보면 어떨까?

Common

평범한 날들의
가치를 깨닫자

나 하늘로 돌아가리라.

—천상병

고단하고 분주한 일상에 쫓기다 보면 집 안이 잔뜩 어지럽혀질 때가 많다. 그렇게 내 마음도 묵은 때를 입고, 본의 아니게 관계에도 먼지가 쌓인다. 문득 그러한 상황을 인식했을 때도 우리는 청소의 시간을 유예하곤 한다.

"다음에 시간 날 때 청소하자."

"연휴 때 한 번 인사드리자."

"누구 결혼식 때는 볼 수 있겠지."

이렇게 자조하며 하루하루 닥치는 일들을 기계처럼 처리한다. 그러다가 몸이 삐걱거리거나 다쳤을 때, 또는 마음이 욱신거리거나 아플 때 뭔가가 잘못되었다는 것을 알아차린다.

어느날 문득 불안과 회한이 밀려들면 어떻게 하는 것이 좋을까? 미국의 치유 전문가인 엘리자베스 레서는《부서져야 일어서는 인생이다》에서 이때 우리가 해야 할 일 세 가지를 소개했다.

첫 번째는 통증에 대처하는 것이다. 있는 그대로 아픔을 바라보고 상처를 제대로 다스려야 한다. 무조건 그것을 무마하거나 억지로 외면하면 다음에 같은 상황에 처했을 때 생채기가 더 크게 남을지도 모른다. 두 번째는 올바른 마음가짐을 갖는 것이다. 일단 어려움을 피하려고 삐딱한 시각으로 상황을 합리화하거나 도망치면 상처는 덧날지도 모른다. 세 번째는 잠에서 깨어나 청소를 하는 것이다. 현실을 외면한 채 술이나 잠에 빠져 있을 것이 아니라, 깨어나 청소를 해야 한다. 마치 우리가 소풍을 가기 전에 꼭 집안 청소를 하고 나가듯이, 청소를 하고 나면 삶이 소풍처럼 가벼워진다.

날마다 소풍 같은 삶을 살기 위해서는 그만큼 더 많은 수고가 필요한 것도 사실이다. 문득 인생 자체를 소풍처럼 살다간 사람이 떠오른다. 시국의 소용돌이에 휘말려 한순간 삶이 나락으로 떨어졌음에도 자기 인생을 비우고 청소하며 노닐었던 사람, 바로 '천상의 시인' 천상병이다.

막걸리 값 때문에 간첩이 된 시인

1930년에 태어난 천상병은 서울대학교 경제학과에 들어간 수재였다. 졸업만 하면 대기업에 취직해 출세가도를 달릴 수 있는, 앞길이 창창한 젊은이였다. 하지만 그의 꿈은 시인이었다. 서울대학교 캠퍼스가 혜화동에 있던 시절, 그는 학림다방을 드나들거나 마로니에 나무에 기대어 시를 썼다. 그러면서 하늘을 바라보며 이렇게 외쳤으리라.

"시인에게 대학 졸업장이 무슨 소용이야?"

천상병은 졸업반이던 4학년 2학기 때 자퇴를 하고, 본격적으로 시를 쓰기 시작했다. 그러나 시국은 이상하게 흘러갔다. 한국전쟁 후 대한민국은 남과 북으로 나뉘었고, 냉전 체재 속에서 세상은 점점 냉혹해져갔다.

1967년 6월, 천상병은 갑자기 안기부에 끌려갔다. 이른바 '동백림 사건'으로 불린 유학생 간첩사건에 휘말린 것이다. '동백림'은 '동베를린' 의 한자식 표기로, 당시 독일에서 유학하던 우리나라 학생들이 동베 를린을 방문한 일이 있었는데, 그들을 간첩단으로 비화한 것이다.

그런데 천상병은 무슨 연유로 끌려한 것일까? 동백림 사건의 핵심 인물로 지목된 대학 동기 강빈구가 천상병에게 "우리 가난한 시인 친 구, 막걸리나 한잔해" 하며 푼돈을 쥐어준 것이 비극의 단초였다. 친구 에게 받은 막걸리 값이 하루아침에 간첩을 숨겨주고 받은 뇌물로 둔 갑한 것이다.

6개월에 걸친 감옥 생활과 끔찍한 고문은 그를 폐인으로 만들었다. 정신착란 증세와 영양실조로 길에서 쓰러진 그는 행려병자로 오인되 어 정신병원에 갇히고 말았다.

이젠 몇 년이었는가
아이론 밑 와이셔츠같이
당한 그날은…

내 살과 뼈는 알고 있다
진실과 고통
그 어느 쪽이 강자인가를…

— 〈그날은〉 천상병 지음 | 《새》 수록 | 1971

지인들은 그가 죽었다고 생각하여 유고 시집을 내기까지 했다. 그는 기적적으로 병원에서 나왔지만 이미 그는 예전의 천상병이 아니었다. 그의 모습은 영락없는 어린아이였다. 명징하던 언어는 날이 무디어졌고, 눈빛은 총기를 잃어 멍해졌다. 지인들은 천재 시인을 잃었다며 가슴을 쳤다. 하지만 천상병은 '살과 뼈'가 간직한 '고통' 앞에서도 웃었다. 그는 삶을 긍정하며 '새'처럼 살아갔다.

그럼에도 소풍 같았던 그의 삶

천상병은 계속해서 시를 썼다. 시인으로서는 달라진 것이 하나도 없었다. 오히려 그는 더 자유로워졌고, 시 또한 어린아이처럼 해맑아졌다. 그의 시는 사람들의 마음을 가볍게 비워주었고, 잔잔한 웃음을 머금게 했다. 아이처럼 웃는 그를 보고 있으면 상대방도 따라 웃지 않을 수 없었다. 끔찍한 비극을 겪고도 남을 웃게 만드는 힘, 천상병은 시 〈귀천歸天〉에서 그 모든 것을 '소풍'이라 했다.

> 나 하늘로 돌아가리라
> 새벽빛 와 닿으면 스러지는
> 이슬 더불어 손에 손을 잡고,

나 하늘로 돌아가리라

노을빛 함께 단 둘이서

기슭에서 놀다가 구름 손짓하면은,

나 하늘로 돌아가리라

아름다운 이 세상 소풍 끝내는 날

가서 아름다웠더라고 말하리라…

— 〈귀천〉 천상병 지음 | 《새》 수록 | 1971

　1993년 4월 28일 봄날, 천상병은 소풍을 마치고 하늘로 돌아갔다. 아이러니하게도 그는 가장 엄혹했던 시절을 대표하는 서정 시인이다. 비록 깨지고 뽑힌 그의 손톱과 썩은 살덩이로는 연필을 잡기에도 버거웠을 테지만, 그럴수록 그는 환하게 웃었다. 그리고 손 대신 삶으로 시를 썼다.

　봄은 소풍을 가기에 참 좋은 계절이다. 겨울의 묵은 때를 벗고 풀꽃들은 슬슬 기지개를 켠다. 덩달아 사람들의 마음도 새순처럼 돋는다. 혹독한 겨울은 사람들의 마음을 얼어붙게 하고, 결코 물러서지 않을 듯 희망을 절망으로 바꾼다. 그러나 우리는 이미 알고 있다. 겨울이 지나면 봄이 오고, 봄은 가지만 다시 또 온다는 것을.

　더는 그 봄날을 마냥 앉아서 기다리진 않았으면 한다. 그저 무기력하게 찬바람 속에서 떨지 않았으면 한다. 아무리 고단한 일상이 이어지더라도, 이제는 내가 먼저 내 마음의 창을 열어젖히고, 아픈 내면을 환기시키며 소풍을 떠나보는 것이 어떨까?

똑똑, 용기를 내어 가만히 내 안의 여린 창문을 두드려본다.

Solitary

누군가의
시선이 아닌,
나의 시선으로

이 땅은 오랫동안 신교회에 묻혀 있던
그의 유골을 덮고 있다.

—베네딕트 드 스피노자

안데르센의 《벌거벗은 임금님》은 거짓말쟁이 재봉사 때문에 창피를 당하는 임금님의 이야기다. 재봉사는 사람들에게 자신이 만든 옷에는 신비한 기운이 있어서 어리석은 사람에게는 보이지 않는다고 말한다. 자신을 꾸미는 것을 좋아했던 임금님은 소문을 듣고, 그를 불러들여 옷을 만들게 한다. 며칠이 지난 뒤, 재봉사는 옷이 완성되었다며 임금님에게 바친다. 임금님은 옷이 보이지 않았지만 자신의 어리석음이 들통날까봐 그 옷을 입는 시늉을 하고 벌거벗은 채로 거리를 행진한다. 백성들은 임금님의 모습을 보고 깜짝 놀랐지만, 자신의 어리석음을 들키지 않기 위해 시치미를 떼며 이렇게 외친다.

"임금님, 정말 멋지십니다!"

그때 한 아이가 웃으며 소리친다.

"하하하! 임금님이 발가벗었다!"

임금님을 비롯한 사람들은 비로소 자신들이 속았다는 것을 깨닫는다. 벌거벗은 임금님이라니, 참 우스꽝스럽지 않은가. 이 이야기는 권력 앞에서 진실을 말하지 못하는 어른들의 어리석음을 우화적으로 드러내고 있다. 그러나 우리는 이 이야기를 접하고 쉽게 웃지 못한다. 임금 앞에서 침묵한 백성들의 모습이 우리와 크게 다르지 않기 때문이다. 만약 그 자리에서 아이가 아닌 어른이 진실을 털어놓았다면 어떤 일이 벌어졌을까? 아마도 병사들에게 끌려가 벌을 받거나 투명 인간 취급을 받았을지도 모르겠다.

우리 사회에는 모두가 '예'라고 할 때, 혼자 '아니요'라고 말할 수 있는 용기를 가진 사람이 많지 않다. 당신도 한 번쯤 '아니요'라고 소리치고 싶었던 적이 있지 않은가? 두 주먹 불끈 쥐고 끓어오르는 분노를 억누른 적이 있지 않은가? 사자후가 턱에 받쳐 컥컥, 소리까지 나왔지만 애써 삼킨 적이 있지 않은가? 물론 포효한 적도 있을 것이다. 하지만 돌아오는 대가는 어땠는가.

우리는 매 순간 진실게임을 하며 살고 있다. 그리고 승리는 대부분 거짓을 진실처럼 말하는 사람에게, 거짓말을 잘하는 사람에게 돌아간다. 한 술 더 떠 거짓말쟁이끼리 뭉친다면 누구라도 당해낼 재간이 없다.

물론 진실을 말하는 재봉사도 많다. 또 어떤 이들에게는 보이지만, 어떤 이들에게는 보이지 않는 옷도 있을 것이다. 그렇다고 내 눈에 보이지 않는데 보인다고 말하는 것은 그 자체로 비윤리적인 행동이 아닐까? 아이처럼 선하고 맑은 양심을 지닌 사람들에게는 거짓을 말하는 것이 매우 힘든 일일 것이다. 그들은 차라리 투명 인간 취급을 당하며 홀로 사는 것이 더 마음 편하다고 생각할 것이다.

유대교회에서 말하는 신은 눈에 보이지 않지만, 자연 속에 가득한 신은 보인다고 했던, 그래서 주류 교단에서 파문당해 홀로 유리를 세공하며 살아갔던 철학자 베네딕트 드 스피노자 또한 마찬가지였다.

신성을 갈망한 남자

1632년에 네덜란드 암스테르담에서 유대 상인의 둘째로 태어난 스피노자는 어릴 때부터 그 누구보다 신을 알기 원했고, 신성神性에 관심이 많았다. 그는 일찍부터 《탈무드》 등을 배우며 랍비가 될 재목으로 성장했다. 하지만 열여덟 살에 범신론자이자 자유사상가인 반 덴 엔덴에게 여러 학문을 배우며 철학자를 꿈꾸게 되었다. 유대사회에서 랍비가 아닌 철학자가 된다는 것은 큰 파장을 불러일으킬 만한 사건이었다.

그러나 스피노자는 누구의 시선도 의식하지 않고 공부를 이어갔다. 그는 신의 목소리를 듣기를 갈망했고, 선한 양심에 따라 유대 경전과 서신, 그리고 여러 철학 서적을 파고들며 연구를 거듭했다. 하지만 아무리 노력해도 신의 목소리는 들리지 않았고, 천사도 보이지 않았다. 그런데 어느 순간부터 세상 모든 사물에 깃든 신성이 느껴지는 것이 아닌가. 신에게는 명백히 신체身體가 있어야 했고, 누구든 신을 명징하게 보고 느낄 수 있어야 했다. 그렇다면 신은 이미 자연 속에, 그리고 우리 안에 있는 셈이었다. 자신이 깨달은 그 커다란, 그러나 불온한 '주체적 진리' 앞에 스피노자는 전율했다.

스피노자는 1656년에 가업인 '스피노자 상회'까지 포기하며 공부를 이어갔지만, 결국 그해 7월에 유대교회로부터 파문당했다. 유대교회는 스피노자에게 온갖 저주를 퍼부은 것도 모자라 유대사회에 이런 지령까지 내렸다.

> 그에게 밤낮으로 저주가 있을지어다. (…중략) 경고하노니 아무도 그와
> 이야기하지도, 편지를 주고받지도 말아야 한다. (…중략) 누구도 그를
> 도와서는 안 되고, 같은 지붕 아래에 거해서도 안 되며, 그의 글을 읽
> 어서도 안 된다.

이후 스피노자는 광학光學에 대한 관심 때문이기도 했지만, 생계를
유지하기 위해 렌즈를 가공하며 외롭게 살았다. 그럼에도 스피노자는
변함없이 연구를 이어갔다. 그를 지지하는 사람들은 그의 곁을 떠나
지 않았다.

스피노자는 1660년에 암스테르담을 떠나 레인스부르흐로, 1663년
에는 포르부르흐로, 1670년에는 헤이그로 이주했다. 그는 자유로운
생각을 가진 인사들과 교류하는 시간 외에는 오로지 책상 앞에 앉아
서 글을 썼다. 이 과정에서 '윤리학'이라는 뜻을 가진 불멸의 역작 《에
티카》가 탄생했다.

아마도 '윤리' 하면 대부분 학창 시절에 배운 교과목을 떠올리거나
'예절' 정도의 의미를 연상할 것이다. 그러나 스피노자에게 '윤리'란 인
간의 도덕적인 의무에 관한 것이 아니라, 그 이전에 꼭 짚어야 할 일종
의 '섭리', 곧 '자연의 섭리'와 같은 것이었다. 인간과 인간 사이에 지켜
야 할 예절 법칙이 아닌, 그 이전의 자연법칙, 곧 대자연의 섭리인 셈

이다. 유대인들의 성경에 의하면 그 섭리는 곧 유일신 야훼이자, 그의 말씀에서 시작되고, 그의 절대적이고 전지전능한 다스림으로 현현한다. 유대인들에게 윤리학이란 곧 신학인 셈이다.

하지만 스피노자에게 신이란 이 세계 밖에 존재하는 초월적 존재가 아닌, 이 세상 안에 더불어 존재하는 자연이자 서로 영향을 주고받으며 생성하는 모든 것이었다. 그러므로 실체하는 모든 것이 신이며, 신은 곧 자연이자 만물이고, 원인인 동시에 결과였다.

이러한 사상이 가진 파장을 충분히 예상했던 스피노자는 《에티카》를 마지막까지 세상에 내보내지 않았다. 유리 가루 때문인지 폐가 심하게 나빠진 스피노자는 1677년 어느 날 오후에 닭고기 수프 한 그릇을 비우고 조용히 숨을 거두었다. 그때 스피노자의 나이는 마흔 여섯이었고, 《에티카》는 그가 세상을 떠난 뒤 익명으로 출간되었다.

스피노자의 유해는 헤이그의 한 교회 부속 묘지에 안장되었다. 현재의 묘비 형태를 언제 갖추었는지는 알 수 없지만, 그의 묘비에는 이런 글귀가 새겨져 있다.

이 땅은 오랫동안 신교회에 묻혀 있던
스피노자의 유골을 덮고 있다.

자연이 곧 신이라는 그의 철학적 주장을 놓고 본다면, 스피노자는 지금 신의 품에 안겨 있는 것이 아닐까?

모두가 '예스'일 때 홀로 '노'를 외친 남자

스피노자는 모두가 '예'라고 말할 때 혼자 당당히 '아니요'라고 말했던 사람이다. 모두가 '보이지 않는 신'을 보인다고 말할 때 스피노자는 '보이지 않는 무엇'이 아닌 '보이는 자연'이 곧 신이라고 주장했다. 태어나고 성장한 집단에서 파문당했지만, 자신이 깨달은 것 앞에서 당당했고 용기를 잃지 않았으며, 결코 상처 속으로 자신을 내몰지 않았다.

스피노자는 누가 뭐래도 자신이 옳다고 생각하는 길을 꿋꿋이 걸어 갔다. 어떤 사회적 기준과 틀에 맞추어 자신을 속박하지 않고 스스로 완전한 자유를 쟁취했다. 스피노자에게 '최고의 선善'이란 개개인의 기쁨과 만족이었고, 자신에게 그것은 곧 자유였다. 삶의 자유, 생각의 자유… 그것들을 다른 누구로부터가 아닌, 자기 스스로 만들고 누렸다.

살다 보면 속으로는 아니라고 여겨도 다수의 의견에 따라야 할 때가 있다. 이때 동조하지 않으면 공감 능력이 떨어지는 사람 또는 사회성이 부족한 사람으로 인식되기도 한다. 그럴 바에는 차라리 애써 웃으며 '예'라고 말하는 것이 더 편하다.

하지만 자신의 주장 때문에 소외감을 느끼며 곤란한 상황을 겪고 있다면 이것 하나만 기억하자. 어떤 선택을 하든지 타인의 시선이 아닌, 자기 자신의 기쁨과 자유에 기준을 두어야 한다는 것을. 어떤 결과가 따르더라도, 스스로에게 상처받는 것을 허용해서는 안 된다는 것을.

Pioneer

뚜벅뚜벅,
걷고
또 걸어가자

여기 백일白日 아래서
그 파란만장의 생애를 끝맺고
문득 졸卒하다.

—이상

빈센트 반 고흐, 그레고어 요한 멘델, 이중섭, 에바리스트 갈루아. 이들의 공통점은 무엇일까?

지금은 인상파를 대표하는 화가로 손꼽히고 있는 고흐도 생전에는 그림을 단 한 점밖에 팔지 못했다. 그는 가난과 정신병에 시달리다 서른일곱 살에 자살로 생을 마감했다.

'유전학의 아버지'로 알려진 멘델은 유전법칙을 처음으로 발견했지만 학계에서 인정받지 못하고 세상을 떠났다. 그가 죽은 뒤 30년쯤 지나서야 유전학을 연구하는 다른 학자들로부터 재평가를 받았다.

'한국인이 가장 사랑한 화가'로 꼽히는 이중섭은 화구를 살 돈이 없어 담뱃갑 속 은박지에 그림을 그리거나 부두 막노동으로 생계를 이어갔다. 친구들의 도움으로 개최한 전시회가 혹평을 받자 몸과 마음이 쇠약해져 가족들과도 재회하지 못하고 1년 뒤에 사망했다.

대수 방정식을 창안하여 현대 수학의 기본을 정립한 갈루아는 과학원에 보내는 논문마다 분실되거나 심사위원이 죽는 등 불행이 겹쳤고, 스물한 살의 나이에 결투를 벌이다 숨을 거두었다. 그가 좀 더 오래 살았다면 그만큼 수학 교과서의 분량이 늘었을 거라는 우스갯소리까지 있다.

이들의 공통점은 바로 생전에 인정받지 못한 불운한 천재라는 점이다. 이들은 시대를 너무 앞서갔다. 당대의 상식으로는 납득할 수 없는 사고를 한 사람들이기에, 죽은 뒤 수십 년이 지나서야 비로소 조명을 받게 된 것이다.

한평생 '막다른 골목'을 전전하며 사람들에게 외면당했지만, 결코 '날개'를 접지 않고 자신을 불살랐던 시인 이상도 마찬가지다. 이상은 당대에는 이해할 수 없는 기이한 작품세계를 보여주었지만, 그의 시들은 오늘날 가장 의미 깊은 역작으로 평가받고 있다.

이상한 시와 이상한 사람

이상은 1910년에 서울의 한 집안에서 장남으로 태어났다. 무식하고 무능했던 아버지는 활판소에서 일을 하다 기계에 손가락이 세 개나 잘리는 사고를 당했고, 어머니는 출신도 분명치 않은, 이름과 생일도 모르는 고아였다.

1912년에 이상은 아들이 없던 큰아버지 김연필의 집에 양자로 들어갔다. 엄한 아버지였던, 그러나 '가짜' 아버지였던 백부의 집에서 자라면서 가뜩이나 핏기 없던 이상의 얼굴은 점점 더 창백해져갔다. 그럼에도 이상은 그것들을 작품으로 승화해냈고, 경성의 '모던보이'답게 서울대 공대의 전신인 경성고등 공업학교 건축과를 졸업했다.

그는 1929년에 조선총독부 건축과 기수로 취직했다. 지금으로 치면 공무원이 된 셈이다. 맏이로서 늘 가족을 챙겨야했기에 안정적인 직장을 택한 것일까. 그러나 꽉꽉한 공직 생활은 그에게 맞지 않았다. 이상은 1933년에 총독부를 그만두고 배천온천으로 요양을 떠났다. 이

때 금홍이라는 여인을 만났고, 생계를 위해 '제비'라는 다방을 열면서 금홍을 마담으로 불러다 앉혔다. 글쓰기에는 천재였지만, 사업에는 젬병이었던 이상은 '제비', '69' 등 다방을 여는 족족 폐업을 했다. 금홍은 수시로 집을 나가더니 결국 그를 떠나버렸다.

이상은 1934년에 구인회에 들어갔고, 그해 7월 24일, 〈조선중앙일보〉에 《오감도》를 발표했다. '시'라 하면 김소월의 〈진달래꽃〉처럼 운율도 있고, 애수가 서린 글귀로만 알던 조선 사람들에게 그의 난해한 시는 큰 충격을 안겼다. 연작시 〈오감도 시제1호〉는 30회까지 연재될 예정이었으나, 독자들의 빗발치는 항의로 같은 해 8월 8일, 〈오감도 시제15호〉로 끝을 맺었다.

자신들의 고상한 문학적 취향을 농락당한 기분이라도 들었을까. 아니면 누가 시인인양 장난이라도 치는 줄 알았을까. 불특정 다수의 독자는 분노에 차서 "미친놈의 잠꼬대잖아!", "무슨 개수작이야!"라고 소리치며 신문사에 항의 전화를 걸어댔다.

13인의아해가도로로질주하오.
(길은막다른골목이적당하오.)

제1의아해가무섭다고그리오.
제2의아해도무섭다고그리오.
제3의아해도무섭다고그리오.

(…중략)

(길은뚫린골목이라도적당하오.)
13인의아해가도로로질주하지아니하여도좋소.

—〈조선중앙일보〉 1934년 7월 24일 조간, 3면

당시 《오감도》의 연재를 기획했던 신문사 학예부장 이태준은 안주머니에 사표를 가지고 다녔다. 그 정도로 분위기가 좋지 않았다. 그러나 누구보다 속상한 사람은 바로 시를 쓴 당사자였을 것이다. 이상은 '작가의 말'을 통해 답답한 심정을 토로해보려 했다. 하지만 그마저도 독자들의 눈치를 보다가 결국 발표되지 못했다. 다음은 미발표된 '작가의 말' 앞부분이다.

왜 미쳤다고들 그러는지 대체 우리는 남보다 수십 년씩 떨어지고도 마음 놓고 지낼 작정이냐?

이상은 이전의 낡은 전통과 봉건적 체제를, 그리고 서구에서 불어온 이성의 바람을 낯선 표현과 말법으로 철저히 깨부수고 싶었는지도 모른다. 그러나 자신이 어떻게 발언하든 '미친놈의 개수작'이 되고 마는 사회에서 이상의 선택지는 많지 않았다. 중국의 루쉰처럼 '사람 잡는 4천 년 전통을 부수고 깨어나자'고도, 일본의 나쓰메 소세키처럼

인생의 마지막 한 줄

'근대의 런던탑인 이성과 합리주의를 벗고 자기를 되찾자'고도 외칠 수 없었다. 두 나라뿐 아니라 서구 열강들에까지 짓눌려 '모두의 식민지'로 전락한 땅에서 이상은 더 이상 아무것도 할 수 없었다. 기침은 더 심해졌고, 고독은 더 짙어갈 뿐이었다.

멜론 향기가 맡고 싶소

1936년, 이상은 당대의 신여성인 변동림과 결혼했지만 생활은 크게 달라지지 않았다. 집안은 점점 기울었고, 장남으로서의 짐은 더 무거워져갔다. 설상가상으로 구인회도 해산하기 직전이었다. 더 이상 출구가 보이지 않자 이상은 같은 구인회 동인이자, 절친했던 소설가 김유정을 찾아갔다.

"각혈이 여전하십니까?"

이상이 묻자 김유정은 이렇게 대답했다.

"그저 그날이 그날 같습니다."

이상이 다시 물었다.

"치질은 여전하십니까?"

김유정이 답했다.

"그저 그날이 그날 같습니다."

이 말을 나누는 중에도 두 사람은 번갈아가며 기침을 했고, 나란히 피를 쏟았다. 이상은 동반자살을 제안했지만 김유정은 거절했다.

"명일明日의 희망이 끓습니다."

그러자 이상이 말했다.

"김형! 나는 일본으로 떠나오."

김유정은 끝내 참았던 울음을 터뜨렸다. 이상도 아랫입술을 질끈 깨물었다. 희망을 찾고 싶었지만 경성에서는 도저히 불가능했다. 이상은 혼자 현해탄을 건넜다. 그때 이미 자신의 죽음을 예감했을까. 이상은 도쿄에서 단편소설 《종생기終生記》를 쓰면서 작품 속에 묘비명을 적어두었다.

> 일생의 귀재 이상은 그 통생의 대작 《종생기》 일편을 남기고 서력 기원 후 1937년 정축년 3월 미시 여기 백일白日 아래서 그 파란만장의 생애를 끝맺고 문득 졸卒하다.

조금이나마 기대를 품고 간 도쿄에서 이상은 아무 희망도 찾지 못했다. 거기에는 아무것도, 정말 아무것도 없었다. 식민지 청년이 꿈꾸었던 거대한 제국의 중심부, 그곳에는 어떤 이상理想도 없었다. 여느 도시와 다를 바 없이 평범해서 더 이상異常했다. 이상이 생각했던 그 이상以上도, 이하도 없었다. 이상은 절망했다.

이상은 덥수룩한 고수머리를 아무렇게나 빗어 넘긴 채 도쿄 거리를 위태롭게 활보했다. 그가 걸음을 내딛을 때마다 흰 구두는 마지막 생

生에 방점을 찍듯 까매져갔다. 이런 그의 행색을 수상하게 여긴 일본 경찰은 이상을 불령선인不逞鮮人: 불온하고 불량한 조선 사람'이라는 뜻으로, 일제 가 자신들의 말을 따르지 않는 한국 사람을 이르던 말으로 단정짓고 체포했다. 아 무런 혐의가 없었기 때문에 머지않아 풀려났지만, 상할 대로 상한 그 의 몸은 이미 만신창이가 되어 있었다. 결국 '박제된 천재'는 1937년 4 월 17일, 동경제국대학 부속병원에서 바다를 건너 달려온 아내와 친 구들 앞에서 숨을 거두었다. 그는 눈을 감기 전에 이렇게 말했다.

"멜론이 먹고 싶소."

그 말을 들은 아내는 급하게 멜론을 구해와 이상의 입에 대주었다. 이상은 멜론을 한 입 머금고 숨을 들이켰다. 향긋한 멜론 향을 통해 잠시나마 어떤 이상세계를 떠올리고 싶었을까. 아니면 멜론에 얽힌 어 떤 추억이 그의 발목을 붙들었을까.

"멜론 향기가 너무 좋소."

이상은 차마 멜론을 삼키지 못하고 가만히 두 눈을 감았다. 그의 유해는 화장되어 경성으로 돌아왔다. 공교롭게도 김유정 또한 20일 먼저 세상을 떠난 뒤였다. 이상과 김유정을 아끼던 지인들은 합동영 결식을 열어주었다. 두 사람의 유해는 미아리 공동묘지에 안치되었지 만, 돌보는 이가 없어 한국전쟁 때 유실되었다.

뚜벅, 또 뚜벅

서울시 종로구 통인동 154-10번지에는 시인 이상이 살던 집터가 있다. 이상이 그리운 날에, 나는 사라진 묘지 대신 통인동을 찾는다. 얼마 전까지만 해도 이상의 집터에는 양장점과 한자를 가르치는 서당이 자리 잡고 있었다. 지금은 문화유산국민신탁이 매입한 후 '이상의 집'이라는 문화공간으로 잘 조성해놓았고, 여전히 많은 사람이 이상을 기리며 그곳을 찾고 있다.

이상은 시대를 너무 앞서갔지만, 그 때문에 시대를 넘어 더 많은 사람에게 인정받는지도 모르겠다. 유전법칙을 발견한 멘델은 "언젠가는 나의 시대가 올 것이다"라고 유언을 남겼다고 한다. 멘델 또한 자신이 시대를 너무 앞서갔음을 알고 있었을까. 사후 30년이 지나 멘델의 이론은 빛을 보았고, 멘델은 여전히 유전학의 아버지로 칭송받고 있다.

세상 사람들은 변화보다는 안정을, 미래를 향해 내딛기보다는 과거에 두 발을 디디기를 좋아한다. 그래서 조금 두드러지는 사람, 한 발 앞서는 사람을 좋아하지 않는다. 사람들이 나를 외면하거나 오해한다고 느낄 때, 그로 인해 고독하고 쓸쓸하다면 오히려 잘 하고 있는 건지도 모른다. 한숨 돌리며 천천히 갈만한 여유가 있지 않은가.

시대에 조금 뒤처지면 또 어떤가. 사람들이 세상을 너무 모른다고 말해도 꿋꿋이 내 발걸음으로 나만의 세상을 걸어가는 것, 그것이 곧 세상에 뒤처졌지만 세상을 앞서나가는 천재이자, 바보의 길이 아닐까?

그저 뚜벅뚜벅,

뚜벅, 또 뚜벅, 걷고 또 걸을 일이다.

여기 백일 아래서
그 파란만장의 생애를 끝맺고
문득 졸았다.

Sacrifice

한 번이라도
누군가에게
뜨거운 사람이 되자

나에게 천 개의 생명이 주어진다면,
그 모든 생명을
조선을 위해 바치리라.

—루비 켄드릭

인생의 마지막 한 줄

서울시 마포구 합정동 144번지. 합정역의 번화한 사거리를 조금 벗어나 주택가를 지나면 조용한 언덕에 양화진 외국인 선교사 묘원이 자리 잡고 있다. 양화진은 한강을 중심으로 한 조선의 교통, 국방의 요충지였다. 당시 제물포로 들어오는 전국 각지의 생산물들이 바로 이 양화진을 통해 도성과 궁궐로 보내졌다. 그러한 곳에 뜬금없이 묘원이 자리하게 된 것은 헤론 때문이었다.

헤론은 우리나라 최초의 서양식 병원인 광혜원의 2대 원장으로, 조선의 병자들을 치료하다가 이질에 걸려 숨을 거두었다. 그는 전염병이 창궐하던 당시에 600여 리나 되는 시골까지 내려가서 치료를 했다. 그러다가 결국 전염병에 걸려 조선에 온 지 5년 만에, 서른셋의 나이로 세상을 떠난 것이다. 긴급히 매장지가 필요했지만, 당시 유일한 외국인 묘지였던 제물포까지 시신을 옮기기에는 날이 너무 더워 위험했다. 시신이 부패하거나 병균이 옮을 수도 있었다. 미국 공사는 급히 한성 가까운 곳에 헤론을 묻어줄 것을 요청했고, 그는 결국 양화진 언덕에 안장되었다. 그리고 그의 뒤를 이어 개신교 선교사뿐 아니라 417명의 외국인이 그곳에 묻히게 되었다.

양화진 묘원을 둘러보면 유독 눈에 잘 들어오는 비문이 있다. 그것은 바로 개신교 선교사인 루비 켄드릭의 묘비다.

나에게 천 개의 생명이 주어진다면,

그 모든 생명을

조선을 위해 바치리라.

군이 교회를 다니는 사람이 아니더라도, 이곳을 지나다가 켄드릭의 묘비명을 읽게 된다면 그녀의 희생정신이 절절하게 느껴져 숙연해질 것이다. 더 안타까운 것은 그녀가 조선에서 삶을 마감한 나이가 스물두 살에 불과했다는 사실이다. 그토록 젊은 나이에, 그토록 큰마음으로 타인을 품었다는 사실이 놀랍지 않은가.

조선을 사랑한 여인

켄드릭은 1883년 1월에 미국 텍사스에서 태어났다. 1905년에 캔자스 여자성경학교를 졸업하고 선교사를 자원한 켄드릭은 이후 2년간의 준비 끝에 1907년 9월, 텍사스 엡워스청년회의 후원을 받아 미국 남감리교 선교사로 서울에 도착했다.

그녀는 같은 해 11월에 송도에서 여성들을 대상으로 한 사업을 시작했다. 그녀는 사람들에게 영어를 가르쳤고, 아픈 아이들을 간호하는 일을 도맡았다. 당시 조선의 의원은 대부분 남자였다. 그래서 여자가 의료 혜택을 받는 것이 상대적으로 어려웠다. 몸이 아파서 진료가 필요한 상황인데도 '아녀자'이기 때문에 남자의 손길을 거부하다 병을 키우는 경우가 많았다. 그러던 차에 서양 여자가 나타나서 병을 고쳐

준다니! 처음에는 반신반의하던 사람들도 밤낮을 가리지 않고 여자와 아이들을 살피는 켄드릭의 헌신적인 열정에 차츰 마음을 열었다.

그러나 한 사람이라도 더 치료하고자 했던 열망 때문이었을까, 아니면 자신의 젊은 나이를 너무 믿었기 때문이었을까. 그녀는 한국에 온 지 불과 9개월 만인 1908년 6월에 과로로 세상을 떠났다. 켄드릭이 갑작스럽게 숨을 거두자, 송도의 조선인들은 통곡을 거듭했다. 사실 켄드릭이 조선에서 보낸 기록을 보면 이렇다 할 업적이나 사람들의 관심을 끌 만한 극적인 사건이 없다. 머문 시간도 짧았으니 업적을 남기기는커녕 한국어를 익히기도, 낯설고 열악한 환경에 적응하기도 어려웠을 것이다. 그럼에도 켄드릭의 진심을 느낀 사람들은 그녀의 곁을 떠나지 않았다.

켄드릭은 진심으로 '천 개의 생명'을 가지기를, 그리고 그것을 '조선을 위해' 바치기를 원했다. 그녀는 자신을 후원해준 엡워스청년회에 보낸 편지에 그 다짐을 절절하게 남기기도 했다. 켄드릭의 묘비명은 바로 이 편지의 일부분이다. 자신의 바람을 이루기 위해 켄드릭은 너무 빨리 생명을 소진시켰다. 그녀는 선교사로서 오롯이 자신을 희생해 조선의 많은 생명을 구하고 떠난 것이다.

어떤 이념이나 종교를 떠나서 켄드릭의 묘비명을 보고 있으면, 괜히 부끄러워진다. 나는 한 번이라도 켄드릭처럼 누군가를 위해 자신을 희생한 적이 있던가?

연탄 한 장처럼

학창 시절에 '희생'에 대한 시를 쓰고 싶어 연탄을 소재로 습작을 한 적이 있다. 연탄은 제 몸을 태워 사람들에게 온기를 전하고, 다 타고나서는 행여 미끄러운 길을 지나다가 사람들이 넘어질까, 잘게 바스러져 빙판길에 뿌려진다. 그런데 어느 날, 안도현 시인이 《외롭고 높고 쓸쓸한》이라는 시집을 발표하고, 그 안에 연탄에 대한 시들을 수록하면서 내가 끼적인 원고는 구겨져 어디론가 사라지고 말았다. 너무도 유명한 안도현의 짧은 서시 〈너에게 묻는다〉를 소개한다.

> 연탄재 함부로 차지 마라
> 너는
> 누구에게 한 번이라도 뜨거운 사람이었느냐
> ─ 〈너에게 묻는다〉 안도현 지음 | 《외롭고 높고 쓸쓸한》 수록 | 문학동네 | 1994

두 번째 시 〈연탄 한 장〉 또한 희생에 대한 이야기다. 이 시에서 화자는 삶을 이렇게 정의한다. '나 아닌 그 누군가에게 기꺼이 연탄 한 장이 되는 것 ─ 〈연탄 한 장〉 안도현 지음 | 《외롭고 높고 쓸쓸한》 수록 | 문학동네 | 1994 '이라고. '연탄 한 장'이 된다는 것은 자신의 소명을 진작 깨닫고, 몸에 불이 붙는 순간 타들어가는 것뿐 아니라, 산산이 으깨어질 준비까지 하는 것이라고. 그래서 어느 추운 겨울 아침, 따뜻하게 밤을 보낸 누군가가 이

인생의 마지막 한 줄

번에는 빙판 길에 넘어지지 않게 스스로 길이 되어주는 것이라고.

점점 더 삶이 각박해지고, 제 한 몸 추스르기 어려운 이 시대에 연탄 같은 마음가짐을 가진 사람들이 참으로 그립다. 아니, 어쩌면 이미 우리 주변에 그런 사람이 많이 존재하고 있을지도 모른다. 우리가 사람을 쉽게 믿지 못해 그들의 손길을 차단하고 있지는 않은지 돌아보아야겠다. 내 스스로 마음속에 작은 불씨를 지피지 않는 한, 그 누구도 보이지 않을 테니까.

나도 이제는 누군가에게 연탄 같은 사람이 되어주고 싶다. 그 누군가가 나와는 상관없는 사람일지라도, 그 누군가가 아주 먼 나라의 사람일지라도 말이다.

Realist

백번 살아도
지금의 삶을 살게 된다면?

이제 나는 명한다.
차라투스트라를 버리고
그대들 자신을 발견할 것을.

—프리드리히 니체

영화 〈매트릭스〉를 본 사람이라면 모피어스가 토머스 앤더슨에게 빨간 약과 파란 약을 내미는 장면을 기억할 것이다. 빨간 약을 선택하면 소프트웨어 회사의 잘나가는 직원인 앤더슨은 일상을 떠나 '진실의 세계'로 가게 되고, 파란 약을 선택하면 그대로 '현실'에 남는다. 또한 빨간 약을 선택하면 꿈에서 깨어나 기계와 싸우는 참혹한 전투 현장에서 눈을 뜰 것이고, 파란 약을 선택하면 '현실'이라고 믿는 환상 속에 그대로 남게 된다.

만약 당신이 앤더슨과 같은 처지에 놓인다면 어떤 색 약을 선택할 것인가. 이제는 흔한 질문이 되었지만, 아직도 많은 사람이 이에 대해 선뜻 답을 내놓지 못한다. 결국 앤더슨은 빨간 약을 먹고 기계들이 만든 캡슐 속에서 발가벗은 채 깨어난다. 알고 보니 인간과의 전쟁에서 승리한 기계들이 인간의 몸속에서 에너지를 얻기 위해 인간을 잠재운 채 꿈을 주입하고 있었던 것이다. 인간은 그것이 꿈인 줄은 모르고, '현실'이라 생각하며 발버둥치고 있었던 것이다.

영화의 제목인 '매트릭스'는 하나의 틀과 시스템을 나타낸다. 그것은 곧 사람들이 만들어놓은 체제를 나타내기에 한 나라의 법이나 종교도 될 수 있다. 그렇다면 빨간 약과 파란 약 중에 어떤 약을 고를 거냐고 묻기에 앞서, 이 질문부터 해야겠다. 과연 매트릭스란 무엇인가?

장자는 온갖 전쟁과 죽음이 횡행하던 중국의 춘추전국시대에 일찌감치 천하통일이 헛된 미망에 불과하다는 것을 깨달았다. 위정자들의 권력욕을 위해 살육전에 동원된 백성들은 그저 착취당하며 살아갈 뿐이었다. 국가도 결국 개개인이 모여 이루어진 조직인데, 도대체 누가 무슨 권리로 그들을 부릴 수 있단 말인가.

> 상자를 열고 주머니를 뒤지고 궤짝을 여는 도둑에 대비하려면 반드시 끈으로 묶고, 자물쇠를 채워야 한다. 이것이 세상에서 말하는 현명함 이다.
> 그러나 큰 도둑은 궤짝을 지고 상자를 들고 주머니를 둘러메고 달아 나면서 오히려 끈과 자물쇠가 약해 끊어지지 않을까 걱정한다.
> 세상에서 말하는 현명함이란 결국 큰 도둑을 위해 봉사하는 것이 아 닌가?
> ─ 《동양철학에세이》 김교빈·이현구 공저 | 동녘 | 2014

낙타와 사자, 그리고 어린아이

서양 근대를 살던 프리드리히 니체에게 큰 도둑은 기독교와 그것에 기생해 권력을 행하는 위선자들이었다. 그들이 내뱉은 달콤한 거짓말 에 속아 대부분의 신도는 자신의 삶을 통째로 바친다. 니체는 《차라 투스트라는 이렇게 말했다》에서 차라투스트라의 말을 통해 이러한 사람들을 낙타에 비유했다. 그러면서 인간 정신의 세 가지 단계에 대 해 이야기했다.

첫 번째 단계는 낙타의 삶이다. 낙타는 짐을 지기 위해 태어난 동물이다. 인간이 얹어주는 짐을 묵묵히 짊어지고 죽을 때까지 그렇게 살아간다. 두 번째 단계는 사자의 삶이다. 사자는 누가 자신을 억압하려고 하면 갈가리 찢어버린다. 그리고 한곳에 안주하지 않고 사막으로 나가 포효한다. 그리고 마지막 세 번째 단계는 어린아이의 삶이다. 어린아이는 어디서나 웃고 즐기며 망각하고 다시 뛰어논다. 어린아이에게 세상은 놀이터이고, 모든 것은 놀이에 불과하다. 어린아이는 삶을 진정으로 누리며 긍정한다. 바로 여기에서 차라투스트라는 위버멘쉬, 즉 초인의 가능성을 목격했다. 초인이란, 초능력을 가진 어떤 불가항력적인 존재가 아닌, 단지 지금 삶을 온몸으로 만끽하며 끊임없이 여러 사람과 어울려 노는 자들이다.

그러나 노예의 삶을 사는 자들에게 어린아이의 행동은 그저 철없고 무지하게 보일 뿐이었다. 니체는 고독했다. 인간은 왜 이토록 비루하고 답답한 존재로 전락했을까. 어떻게 하면 그들에게 긍정과 자유를 알게 할 수 있을까. 궁리 끝에 니체는 이제껏 누구도 시도해본 적 없는 '암살'을 꿈꾸었다. 전국시대에 수많은 자객이 진시황을 노렸던 것처럼, 니체는 초인을 통해 제멋대로 신을 가장하는 큰 도둑들에게 칼을 겨누었다.

신은 어디로 갔는가? 내가 너희에게 말해주겠다. 우리가 그를 죽였다. 바로 너희와 내가. 우리 모두는 신의 살해자다. 하지만 어떻게 우리가

이런 일을 저질렀을까? (…중략) 지구는 지금 어디로 가고 있는가? 우리
는 어디로 가고 있는가?

— 《니체의 위험한 책, 차라투스트라는 이렇게 말했다》 고병권 지음 | 그린비 | 2003

니체가 생각하기에 진실은 바다 건너 먼 하늘 끝에 있는 것이 아니
라 지금 이 순간, 바로 이곳에 있는 것이어야 했다. 그것을 사후세계
로 미뤄두고 시간과 돈을 요구하는 집단이야말로 도적 소굴과 다를
바 없었다. 니체는 이번 생도 모자라 다음 생까지 훔쳐간 자들에게 사
형선고를 내렸다. 장자 역시 일찌감치 '윤편輪扁 이야기'를 통해 '성인의
말'이랍시고, 이미 죽은 사람들의 말로 산 사람을 옥죄려는 태도를 경
계했다.

환공이 회당의 높은 곳에서 책을 읽고 있었고, 윤편은 회당 낮은 곳에
서 수레를 깎고 있었다. 그는 자신의 나무망치와 끌을 밀쳐 두고 올라
와서 환공에게 물었다. "공께서는 지금 무슨 말들을 읽고 계십니까?"
환공이 "성인의 말이다"라고 대답했다. 그러자 윤편이 "그 성인은 살아
있습니까?"라고 물었고, 환공은 "그는 죽었다"고 대답했다. 그러자 윤
편이 말했다. "그렇다면 공께서 지금 읽고 있는 것은 옛 사람들의 찌꺼
기가 아닙니까? 옛 사람은 자신이 전할 수 없는 것과 함께 이미 죽었
습니다."

— 《장자, 차이를 횡단하는 즐거운 모험》 강신주 지음 | 그린비 | 2007

인생의 마지막 한 줄

미천한 윤편이 환공이라는 군주가 읽고 있는 경전을 한순간에 '죽은 책'으로 만들어버린다. 이쯤 되면 누가 주인이고 누가 노예인지 헷갈린다. 죽은 사람이 지은 죽은 이야기에 목메고 있는 환공이야말로, 그리고 그것으로 압력을 행하려는 이들이야말로 진짜 노예처럼 살아가는 것이 아닐까. 장자는 윤편의 질문을 통해 환공 스스로 "그는 죽었다"라고 자인하게 만들었다.

그렇다. 경전도, 그것을 지은 성인도, 그리고 성인이 믿은 신도 이미 오래전에 죽었다. 이 충격적인 경종을 통해 장자는 피 냄새가 홍건한 전국시대 사람들에게 깨어나라고 종용했다. 자신이 누구인지도 모른 채 아직도 꿈속의 세상에서 살아갈 것인가. 얼핏 사자후처럼 들릴 법한 소리들이 은근한 비유로 만담처럼 펼쳐지니 더 인상적이다. 니체와 장자, 이 둘은 동양의 고대와 서양의 근대라는 도저히 만날 수 없을 것 같은 시공간에서 뫼비우스의 띠처럼 맞물린다.

신은 죽었는데, 니체는 죽었나?

독일에서 목사의 아들로 태어난 니체는 쇼펜하우어의 《의지와 표상으로서의 세계》를 읽고 철학에 푹 빠져들었다. 1869년에 리츨 교수의 추천으로 스위스 바젤 대학의 고전 문헌학 교수가 된 니체는 1870년에 위생병으로 전쟁에 참전하기도 했다. 하지만 곧 심한 이질에 걸려 제대했고, 이후 《비극의 탄생》,《반시대적 고찰》,《인간적인, 너무나 인간적인》을 집필했다.

특히 《차라투스트라는 이렇게 말했다》는 '신의 죽음'을 선언하는 동시에 '힘에의 의지', '영원회귀'를 설파하면서 큰 반향을 일으켰다. 하지만 니체는 1889년에 길에서 마비 증세를 일으키며 쓰러졌고, 이후 12년간 정신착란 증세를 보이다가 1900년에 바이마르에서 사망했다.

니체의 대표적인 철학으로는 '초인 사상'과 함께 '영원회귀 사상'이 있다. '영원회귀'란, 모든 시간은 일직선이 아닌 원형을 이루고 있어서 일체의 사물이 그 안에서 영원히 같은 현상을 되풀이한다는 뜻으로, 세상 만물은 모두 제자리로 돌아온다는 불교의 윤회 사상과도 맥이 닿아 있다. 니체는 이에 대해 '다시 또 한 번!'이라고 외쳤다.

누군가 지금의 삶이 아무리 고단하고 힘들지라도 티끌 하나, 토씨 하나 바꾸지 않고 이번 삶을 다시 살겠냐고 묻는다면, 당신은 어떻게 답할 것인가. 니체는 이렇게 대답했다. '영원히 다시 살고, 회귀해서 다시 살더라도, 나는 백 번, 천 번 그렇게 할 것이다'라고. 그럴 수 있을 때 비로소 우리는 차라투스트라까지 뛰어넘어 온전히 '나 자신'으로 존재할 수 있으리라.

'이제 나는 명한다. 차라투스트라를 버리고 그대들 자신을 발견할 것을'이라는 니체의 묘비명은 지금, 여기에서, 아직도 무엇으로 살지 고민하는 우리들에게 많은 여운을 안겨준다.

Conscience

우리의 시는
아직 쓰이지 않았다

시인윤동주지묘

ㅡ윤동주

하늘을 올려다보면 참 많은 생각이 든다. 저 별빛은 언제, 어디에서 날아온 것이며, 이 우주는 어떻게 생긴 것일까. 신이 있다면 어디에서 우리를 내려다보고 있을까. 세상은 이토록 거대한데 왜 우리는 작은 일에 연연하며 아등바등 사는 것일까. 나 자신을 돌아보며 한숨짓고 반성하다 보면 어느새 마음이 편해지고 머리가 맑아진다.

하지만 언제부터인가 하늘을 올려다보는 일이 점점 줄어들었다. 바쁜 일상에 쫓겨 정신없이 살다 보면 하루가 어떻게 지나갔는지조차 가물가물할 때가 많다. 그렇게 지쳐서 잠이 들면, 종종 하늘을 나는 꿈을 꾼다. 그런데 이상하게도 계속 비행하지 못하고, '슈퍼마리오' 게임 속 마리오처럼 꼬리를 흔들며 땅으로 내려오고 만다. 꿈속에서도 나는 상상의 나래를 펼치지 못하는 것일까.

프랑스 시인 보들레르는 〈앨버트로스〉라는 시를 통해 시인을 거대한 바닷새인 앨버트로스에 비유했다. 앨버트로스는 커다란 흰 날개를 가지고 있어서 바다 위를 나는 모습이 창공의 왕자처럼 멋지고 아름답다. 하지만 갑판 위에 내려서면 그 큰 날개의 무게를 이기지 못하고 뒤뚱거린다. 뱃사람들은 앨버트로스를 붙잡아 담뱃대로 부리를 치거나, 절뚝절뚝 절름발이 흉내를 내며 이 새를 비웃는다.

어찌 보면 이는 시인에게만 해당하는 비유는 아닌 듯하다. 인간은 모두 이상과 현실 속에서 끊임없이 갈등하며 살아간다. 누구나 이상을 꿈꾸며 자유롭게 살아가기를 소망한다. 그러나 현실은 악랄한 뱃 사람처럼 우리의 발목을 붙잡고 늘어진다. 날개가 크고, 날고 싶었던 창공이 드넓었던 만큼 더 크게 뒤뚱거리며 절규한다.

그럼에도 나는 내 나라, 내 땅에서 하고 싶은 공부를 하고, 쓰고 싶은 글을 쓰고, 자유롭게 바깥을 거닐 수 있다는 사실에 감사한다. 이상과 현실 사이에서 고뇌하는 것조차 사치에 불과했던 일제 강점기 때 시인이라는 '슬픈 천명'을 가진 이들은 얼마나 외롭고 힘들었을까? 조국이 없는 땅에서 바라고 기댈 곳은 오로지 하늘뿐이었던 시간들, 그럼에도 '하늘을 우러러 한 점 부끄럼 없이' 살려고 노력한다는 것이 정말 가능할까? 너무도 순수하고 아름다웠던 사나이, 윤동주 시인을 떠올리면 그저 한없이 부끄러워진다.

시인이라는 슬픈 천명

윤동주는 1917년에 만주 북간도 명동촌의 한 기독교 집안에서 태어났다. 그는 어릴 때부터 동시를 썼고, 백석, 정지용 등을 비롯한 동서양의 시인들을 탐독했다.

> 어머님, 나는 별 하나에 아름다운 말 한 마디씩 불러 봅니다. 소학교 때 책상을 같이 했던 아이들의 이름과, 패佩, 경鏡, 옥玉 이런 이국 소녀들의 이름과, (…중략) 프랑시스 잠, 라이너 마리아 릴케, 이런 시인의

이름을 불러 봅니다.

이네들은 너무나 멀리 있습니다.
별이 아스라이 멀듯이,

— 〈별 헤는 밤〉 윤동주 지음

윤동주는 유년의 따뜻했던 시절을 끊임없이 그리워했고, 유년과도 같은 아름다운 세계를 동경했다. 그러나 현실은 그와는 멀어져갔다. 그럴 때마다 윤동주는 '아이들의 이름'과 '이국 소녀들의 이름', 그리고 '외국 시인들의 이름'을 부르며 풋풋하고 순결한 세계를 소환해보았다.

윤동주는 1935년에 평양의 숭실중학교로 전학했지만, 학교는 신사참배를 거부해 폐쇄되었다. 그때부터 윤동주도 점점 민족의식을 갖기 시작했다. 직접적인 행동을 우선했던 외사촌 송몽규와 달리 윤동주는 기독교적인 순수한 세계와 내면의 양심을 추구했다. 1941년에는 연희전문학교 문과를 졸업하고, 그간 쓴 19편을 묶어 시집을 발간하려 했으나 끝내 뜻을 이루지 못했다.

일제의 압박은 점점 심해졌다. 학교도 자유롭지 못했다. 학생들은 창씨개명을 강요당했고, 조금이라도 이상한 행적을 보이는 이들은 곧바로 잡혀갔다. 윤동주는 이러한 참혹한 현실을 바라보면서 가혹한 시대와 대면하고 양심적 갈등을 시에 담았다.

우물 속에는 달이 밝고 구름이 흐르고

하늘이 펼치고 파아란 바람이 불고 가을이 있습니다.

그리고 한 사나이가 있습니다.

어쩐지 그 사나이가 미워져 돌아갑니다.

돌아가다 생각하니 그 사나이가 가엾어집니다.

도로 가 들여다보니 그 사나이는 그대로 있습니다.

— 〈자화상〉 윤동주 지음

우물 속에 보이는 한 사나이는 너무나 평온하고 따뜻한 세계에 사는 윤동주 자신의 모습이다. 이는 어쩌면 유년의 모습일 수도 있고, 이상적인 자아의 모습일 수도 있다. 그 속에는 '달이 밝고 구름이 흐르고 하늘이 펼치고 파아란 바람이 불고 가을이' 있다. 하지만 지금의 현실 앞에 그런 모습만을 꿈꾸는 자신이 부끄러웠는지 '어쩐지 그 사나이가 미워'진다. 그래서 시인은 다시 '그 사나이가 가엾어'진다.

자기 자신에 대한 미움과 연민 사이, 참혹한 현실 속 균열된 자아상 앞에 윤동주는 끊임없이 고뇌한다. 윤동주는 자신은 물론, 이 시대의, 이 나라의 구원을 원했다. 그러면서도 본질적인 인간 양심의 해방을 바랐다.

괴로웠던 사나이,

행복한 예수 그리스도에게처럼

십자가가 허락된다면

모가지를 드리우고

꽃처럼 피어나는 피를

어두워 가는 하늘 밑에

조용히 흘리겠습니다.

— 〈십자가〉 윤동주 지음

예수 그리스도가 인간의 모든 죄를 씻고, 구원하기 위해 자신을 희생해 십자가에 못 박힌 것처럼, 독실한 신앙인이었던 윤동주 또한 민족의 구원과 인간의 구원을 위해 시인으로서 할 수 있는 것들을 고뇌했다.

윤동주는 1942년에 일본 도쿄에 있는 릿쿄 대학 영문과에 진학했고, 다시 교토의 도시샤 대학 영문과로 옮겼다. 하지만 항일운동을 했다는 혐의로 일경에 체포되어 후쿠오카 형무소에 갇혔다. 이때 윤동주는 감옥에서 이상한 주사를 계속 맞았다. 일제의 생체 실험이었는지, 또 다른 목적이 있었는지 알 수는 없지만, 윤동주는 결국 건강이 악화되어 1945년 2월, 스물아홉 살의 나이에 숨을 거두었다. 그의 외사촌이자 둘도 없는 친구였던 송몽규 또한 같은 혐의로 복역하다 한 달 뒤인 3월에 옥사했다. 이들의 애틋한 이야기는 영화 〈동주〉에서 생생하게 그려진 바 있다.

공교롭게도 '괴로웠던 사나이'는 '행복한 예수 그리스도'처럼 '모가지를 드리우고', '어두워 가는 하늘 밑'에서 조용히 '순교'하고 만다. 그가 생전에 그토록 출간하기를 소망했던 시집은 1948년에 《하늘과 바람과 별과 시》라는 이름으로 정음사에서 출간되었다.

윤동주의 묘지는 현재 중국 연변의 용정에 있다. 그의 묘비에는 '시인윤동주지묘'라는 문구가 쓰여 있고, 송몽규의 묘비에는 '청년문사송몽규지묘'라는 문구가 쓰여 있다. 조선시대에는 유교적인 관습에 따라 묘비에 관직명을 올리는 것이 일반적인 것을 감안하면, 두 사람 이름 앞에 붙은 '시인'과 '청년문사'라는 문구가 더 절절하게 다가온다. 윤동주의 묘비 뒷면에는 이런 글귀가 새겨져 있다.

나이 스물아홉. 그 재질 가히 당세에 쓰일 만해

시로써 장차 울려 퍼질 만했는데,

춘풍무정해 꽃이 피고도 열매를 맺지 못하니,

아아! 아깝도다.

오늘날 '국민 애송시'가 된 윤동주의 〈서시〉를 읊어보자.

죽는 날까지 하늘을 우러러

한 점 부끄럼이 없기를,

잎새에 이는 바람에도

나는 괴로워했다.

별을 노래하는 마음으로

모든 죽어가는 것을 사랑해야지.

그리고 나한테 주어진 길을

걸어가야겠다.

오늘 밤에도 별이 바람에 스치운다.

—〈서시序詩〉윤동주 지음

　〈서시〉에는 윤동주의 모든 삶과 생각, 그리고 이상이 담겨 있다. 그것들을 온전히, 값 없이 물려받은 우리는 이 시대에 '죽는 날까지 하늘을 우러러' 어떻게 살아가야 할까? 골골한 현실이지만 절망하기에는 이르다. 우리들의 시집은 아직 쓰이지 않았으므로.

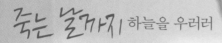 죽는 날까지 하늘을 우러러

한 점 부끄럼이 없기를,

잎새에 이는 바람에도

나는 괴로워했다.

Praise

다시 한 번
우리 인생을 찬양하자

내 그대를 찬양했더니
그대는 그보다
백배나 많은 것을
내게 갚아주었도다.
고맙다, 나의 인생이여!

—미셸 트루니에

사람은 혼자 살아갈 수 없다. 그래서 누군가와 서로 기대고 의지하며 어울려 살아간다. 우리는 살면서 만나는 대부분의 사람 앞에서 자신도 모르게 페르조나, 곧 사회적 가면을 쓴다. 어쩌면 우리는 모두 역할극을 하고 있는지도 모른다. 하다못해 친한 친구를 만날 때도 그가 좋아하는 특정한 모습만 보여주려 노력한다. 그렇게 유능한 직원, 믿음직한 연인, 자상한 부모, 성실한 자녀로 살아가기 위해 우리는 주어진 자리에서 매번 안간힘을 쓴다. 행여 방심한 사이에 내 본연의 얼굴이 드러나지는 않을까 우려하여 타인에게 뒷모습조차 쉽게 보여주지 않는다.

나 역시 사람들과 헤어질 때면 먼저 돌아서지 않는다. 뒷모습을 보여주는 것이 왠지 내 진짜 속마음을 드러내는 기분이 들기 때문이다. 한편으로는 나조차 모르는 내 뒷모습을 누군가에게 보여준다는 것이 불안하기도 하다.

언젠가 한 행사장에서 사진을 찍은 적이 있다. 그때 누군가가 내 뒷모습을 자신의 사진기에 담아 보여주었다. 나는 크게 당황하여 당장 지워달라고 하려다가 다시 그 사진을 들여다보았다. 이게 정말 나란 말인가. 한편으로는 이렇게라도 내 뒷모습을 보게 되어 반가웠다. 문득 누군가에게 그 사진을 보여주고 싶다는 생각이 들었다. 하지만 그 사진을 넘겨받고 나서 깨달았다. 다른 사람들은 이미 내 뒷모습을 일상적으로 보고 있다는 사실을.

프랑스 작가 미셸 트루니에가 지은 《뒷모습》이란 책을 펼쳐들었을 때, 그래서 더 내 마음이 편안해졌다.

'아, 이런 생각을 한 사람이 나뿐만이 아니었구나.'

트루니에는 한 발 더 나아가 뒷모습을 통해 인생의 이면, 현실의 이면, 사랑과 존재의 이면을 탐구했다. 그 이면의 진실 앞에 절망하지 않고, 오히려 생을 더 긍정하고 찬양했다.

뒷모습이 아름다운 남자

1924년에 프랑스 파리에서 태어난 트루니에는 파리 소르본느 대학교와 독일 튀빙겐 대학교에서 철학을 공부했다. 그의 꿈은 철학교수였다. 하지만 정작 교수 자격시험에서 떨어진 뒤 생각을 달리했다. 철학은, 철학이기 때문에 더더욱 대학 강단에서만 할 필요가 없었다. 트루니에는 곧 번역도 하고, 방송 일도 했다. 생각하고 표현하는 일이라면 가리지 않았다. 그는 출판사 문학부에서 10년 동안 편집자로 일하면서 문학에 눈을 떴고, 작가로 데뷔했다.

어찌 보면 그는 늦깎이였다. 그는 1967년, 마흔네 살의 나이에 첫 소설《방드르디, 태평양의 끝》을 발표했다. 방드르디는 대니얼 디포의《로빈슨 크루소》에 나오는 원주민 프라이데이다. 로빈슨 크루소가 아닌 방드르디의 시각으로 재해석해서 풀어낸 이 소설은 '현상의 이면'에 더 많은 관심을 가진 트루니에의 '뒤집기 소설'의 서막이라고도 할 수 있다. 이후 1970년에 괴테의 작품 《마왕》과 게르만 신화에서 모티브를 얻어 쓴 전쟁소설인 《마왕》은 그를 세계적인 작가로 거듭나게 했다.

그는 철학자로서도 많은 글을 썼다. 트루니에는 끊임없이 책을 읽었고, 또 그 책들의 이면을 꿰뚫었다. 서로 다른 세대, 서로 다른 지역의 사유와 문화를 연결 지었고, 다시 신화와 문학, 역사와 철학을 씨줄과 날줄처럼 엮어 담백한 문장으로 풀어냈다. 트루니에의 글을 접한 사람들은 점점 그에게 빠져들었다. 독자들은 트루니에의 글 속에 묻어 있는 일상에 대한 따뜻한 시선을 좋아했다.

트루니에는 홀로 산책하는 것과 수첩을 끼고 다니며 일상에서 보고 들은 것들을 끼적이는 것을 좋아했다. 그는 삶의 모든 것을 예찬하면서도, 때로는 사회의 뒷모습을 날카롭게 묘파했다. 또한 사색적인 글을 통해 자신의 '뒤통수'를 여과 없이 드러냈다.

트루니에는 그 후로도 《메테오르》, 《황금구슬》 등의 소설과 《짧은 글 긴 침묵》, 《예찬》, 《뒷모습》, '이면'과 '내면'을 다시 뒤집어서 쓴 《외면일기》 등의 산문을 남겼다. 트루니에는 2016년 1월 18일에 파리 근교 슈아젤에 있는 자택에서 아흔셋의 나이에 조용히 숨을 거두었다.

인생을 예찬하고 긍정한 남자

트루니에는 《짧은 글 긴 침묵》에서 자신이 어느덧 세상을 떠난 부모와 같은 나이가 되었으니 죽음을 준비해야겠다며 묘비명 하나를 소개했다. 그러면서 그는 죽음 대신 삶에 대해 이야기했다.

> 내 그대를 찬양했더니 그대는 그보다 백배나 많은 것을 내게 갚아주었도다. 고맙다, 나의 인생이여!'
>
> ─《짧은 글 긴 침묵》 미셸 트루니에 지음 | 김화영 옮김 | 현대문학 | 2004

이 짧은 글귀 속에 트루니에 철학의 정수가 그대로 담겨 있다. 이 깊은 뜻을 이런 말로 좀 더 풀어볼 수 있을까?

'제가 평생 삶을 들여다보고 뒤집어본 바, 결국 우리네 인생은 그리 어둡고 절망스럽지 않습니다. 인생을 찬양하고 긍정할수록 생은 우리에게 더 많은 선물을 가져다줄 것이고, 삶을 예찬할수록 더 놀라운 기쁨이 찾아올 것입니다. 그러니 더는 쫄지 말고 어깨 쭉 펴세요. 더 진솔하게 자신을 표현하고, 더 당당하게 살아가세요. 저는 지금까지도 그래왔고, 앞으로도 그럴 것입니다.'

나는 생몰연대의 한 쪽을 비워두고, 트루니에에 대한 글을 쓰던 중에 그의 부고를 들었다. 곧장 밖으로 나와 집 앞 불광천을 오래오래 걸었다. 아프리카에 '노인이 죽으면 도서관 하나가 불타는 것과 같다'

라는 속담이 있다. 이제 그가 세상에 없다니! 나만 알고 찾던 비밀한, 그러나 모두의 도서관 하나를 잃어버린 기분이 들었다.

트루니에의 책을 읽으면 마음이 편안해지고 위로가 된다. 그가 그랬던 것처럼 인생을 긍정적으로, 나 자신을 더 사랑하며 살아가야겠다.

인생의 마지막 한 줄

인생의 마지막 한 줄

초판 1쇄 발행 2017년 3월 30일

지은이 이하
발행인 이한우
총괄 김상훈 **기획관리** 안병현 **편집장** 김기운
기획편집 김혜영, 정혜림 **디자인** 이선미 **마케팅** 신대섭

발행처 주식회사 교보문고
등록 제406-2008-000090호(2008년 12월 5일)
주소 경기도 파주시 문발로 249
전화 대표전화 02)1544-1900 **주문** 02)3156-3681 **팩스** 0502)987-5725

ISBN 979-11-5909-601-3 03190
책값은 표지에 있습니다.